Mythos und Magie der
MAYA

Frank Tophoven • Siegfried Weger

BRUCKMANN

N
0
50 km
100 km
San Felipe Natural Park
Rio Lagartos Natural Park
Cabo Catoche
Isla Contoy
Rio Lagartos
Progreso
Isla Mujeres
Cancún
Isla Cancún
Motul
Tizimín
El Tintal
Flamingo Mexicano de Celestún Natrual Park
MERIDA
Izamal
Umán
Chichén Itzá
Valladolid
Cozumel
Ticul
Cobá
Uxmal
Yucatán
Tihosuco
Tulúm
Isla de Cozumel
Punta Nitún
Boca Paila
CAMPECHE
Hopelchen
José Maria Morelos
Punta Allen
Punta Morro
Felipe Carrillo Puerto
Seyba Playa
Chunhuhub
Punta Pájaros
Champotón
Quintana Roo
Sian Ka'an Biosphere Reserve
Punta Herrero
Campeche
Reforma Agraria
MEXICO
Calakmul Biosphere Reserve
Banco Chinchorro
Punta Xicalango
Francisco Escárcega
Frontera
Ciudad del Carmen
Chetumal
Punta Herradura
Buenavista
Comalcalco
Tabasco
Orange Walk
VILLAHERMOSA
Calakmul Biosphere Reserve
Ambergris Caye
Karibisches Meer
Chable
Benito Juárez
El Mirador
Macuspana
BELIZE
Teapa
Palenque
Belize City
Palenque
Tenosique de Pino Suárez
Maya Biosphere Reserve
Tikal
Belmopan
Meseta Central de Chiapas
Yajalón
Lago Petén Itzá
S. Ignacio
Chicoasén
Reef
TUXTLA GUTIERREZ
Toniná
Yaxchilán
Dangriga
Petén
La Selva
San Cristóbal de Las Casas
Lacandona
S. Juan Acul
El Subin
Maya Mountains
Chiapas
Sayaxchal
Barrier
Venustiano Carranza
Comitán de Domínguez
Lubaantun
Las Rosas
San Antonio
Punta Gorda
Golf von Honduras
V. Carranza
Cabo de Tres Puntas
J.M. Morelos
GUATEMALA
Sto. Tomás de Castilla
Puerto Cortés
Sierra Madre de Chiapas
Presa de la Angostura
Huehuetenango
Tela
La Ceiba
Sebol
Puerto Barrios
El Relleno
Alta Verapaz
La Mesilla
Quiché
Sierra de los Cuchumatanes
Sierra de Santa Cruz
Lago de Izabal
Todos los Santos
3834
Cobán
Escuintla
Quiriguá
Huehuetenango
Sta. Cruz del Quiché
Sierra de las Minas
Macuelizo
Huixtla
Cacahoatán
Bajá Verapaz
Salamá
Rio Hondo
Florida
Totnicapán
Chichicastenango
Zacapa
Santa Rosa de Copán
Tapachula
Sololá
Rio Motagua
Copán
Sierra de Gallinero
Quezaltenango
Jocatepequez
CIUDAD DE GUATEMALA
Chiquimula
HONDURAS
Patzun
Antigua Guatemala
Esquipulas
Mazatenango
Polin
Metapán
Champerico
Escuintla
Cuilapa
Jutiapa
SANTA ANA
MEJICANOS
Puerto San José
SAN SALVADOR
EL SALVADOR
Acajutla

INHALT

Zu diesem Buch

»Somos Maya«

Töchter der Göttin Ixchel: Noch immer weben die Indigenas ihre traditionellen Stoffe am Hüftwebstuhl – so, wie es die Mondgöttin einst vorgemacht hat. Links: Fischer am Atitlán-See.

Die Maya sind mystisch, magisch, geheimnisvoll und rätselhaft. Noch immer sehen wir Europäer dieses mittelamerikanische Volk gern mit dem romantisch verklärten Blick der ersten Forscher und Entdecker wie John Lloyd Stephens, Frederick Catherwood oder Teobert Maler, die in vergangenen Jahrhunderten auf ihren Entdeckungsreisen durch die dampfenden, damals noch unendlich erscheinenden Urwälder auf die überwucherten Reste dieser geheimnisvollen Kultur stießen – lianenumschlungene Pyramiden, Stelen, hingesunken in den modrigen Urwaldboden.

»Wir hatten vor uns die Überreste eines zivilisierten, kultivierten und ureigenen Volkes, das alle Stadien der Nationen durchlaufen, das sein goldenes Zeitalter erreicht hatte und untergehend in gänzliches Dunkel versank. Nie hat etwas im Roman der Weltgeschichte einen gewaltigeren Eindruck auf mich gemacht als der Anblick dieser einst großen und reizenden, jetzt gestürzten, verödeten, tief im Waldesdunkel vergrabenen, selbst bis auf den Namen untergegangenen Stadt«, bemerkte der Forschungsreisende John Lloyd Stephens beim Anblick der Ruinen von Palenque.

Doch Archäologen, Anthropologen, Sprachforscher und nicht zuletzt die Maya selbst haben in den letzten Jahrzehnten viele der Rätsel gelüftet. Heute kennen wir die Namen vieler Herrscher, wissen von Kriegen und Intrigen, von ihren Göttern und den seltsamen Opferpraktiken, um mit ihnen in Kontakt zu treten. Man versteht ihre genialen Kalendersysteme, mit denen sie unglaubliche Zeitdimensionen erfassen konnten, und man hat die meisten Glyphen entschlüsselt. In rasantem Tempo kommen jetzt neue Forschungsergebnisse ans Licht, jahrzehntelange Dogmen gelten plötzlich als überholt, und nach jeder neuen Ausgrabung gibt es neue Theorien. Es ist, als wolle man fassen, was nicht zu fassen ist. Je mehr wir über dieses seltsame Volk erfahren, desto fremder und rätselhafter wird es. Menschen mit durchbohrten Penissen und Zungen, Visionsschlangen als seltsame Tunnel zu anderen Dimensionen, rätselhafte Ballspiele, die den Kosmos in Schwung halten sollten, Parties, bei denen halluzinogene Cocktails gereicht wurden, Way-Wesen – seltsame Tier-Mensch-Geister – als Lebens- und Todesbegleiter, Götter, die nicht nur gaben, sondern vor allem forderten, das Kostbarste forderten: Menschenopfer und Blut, immer wieder Blut, das »Schmiermittel«, um die ineinander verzahnten Kalenderräder gleichmäßig gleiten zu lassen.

Als würde die Forschung einen Urwaldpfad ausschlagen, weicht des Rätsels Lösung auf geheimnisvolle Art und Weise zurück wie das undurchdringliche Dickicht und die leuchtend weiße Xtabay, jene unbeschreiblich schöne Frau, die den einsamen Chiclesammlern erscheint und sie immer weiter in den Urwald lockt.

Aber auch die Nachfahren dieses Volkes, von uns Europäern oft nur als ein mehr oder weniger pittoreskes Fotomotiv missbraucht, als exotische Statisten in einer wildschönen Landschaft, entziehen sich dem oberflächlichen Schwärmer. Wer sich nur an den bunten Trachten ergötzt, an den Copalrauch schwenkenden Schamanen und malerisch in den Maisfeldern arbeitenden Campesinos, wird idyllische Bilder von einem freundlichen, hobbitähnlichen Volk, das eher nach Mittelerde denn nach Mittelamerika passen würde, nach Hause bringen, aber er wird den Menschen dort nicht gerecht.

Die heutigen Maya sind für uns fast so schwer zu verstehen wie ihre Vorfahren. Die Texte und Bilder in diesem Buch zeigen ein Volk, das trotz 500 Jahre währender Unterdrückung nicht seine Identität verlor und Kunst und Kultur in ärmlichsten Verhältnissen bewahren konnte; sie zeigen ein Volk, das unsägliche Opfer auf sich nehmen musste und in heldenhafter Weise Leiden und Terror erlitt, das immer wieder ausgetrickst und hintergangen wurde und heute verzweifelt einen Ausweg aus seinem Elend sucht.

Sie erzählen aber auch, wie Mayastämme mit den spanischen Conquistadoren gemeinsame Sache gemacht und damit erst die Eroberung ihres Reiches ermöglicht haben; zeigen, zu welchen Grausamkeiten von der Justiz enttäuschte Indígenas fähig sind, die in vielen Dörfern wieder Lynchjustizpraktiken eingeführt haben, und dass es nicht nur spirituell erleuchtete Mayapriester gibt, sondern in jedem Dorf auch so genannte Brujos: Schwarzmagier, die dem verhassten Nachbarn alles Elend dieser Welt aufs Haupt wünschen.

Die Maya sind jedenfalls ein Volk, bei dem es sich lohnt, genauer hinzuschauen. Mit Schwarz und Weiß allein wird man kein genaues Bild dieser bunt schillernden Menschen malen können.

Das Wichtigste aber: Es gibt sie noch, die Maya, und sie sind als Volk sogar lebendiger als je zuvor: Eine Mayabewegung ist erwacht. Seit dem Friedensvertrag, der im Jahr 1996 geschlossen wurde, wird die indigene Mehrheit endlich ernst genommen.

Auch wenn die politische Realität noch düster wirkt und die wichtigste Frage – die nach einer gerechten Landverteilung – vorsichtig ausgeklammert wird, so macht man sich jetzt doch wenigstens auf die Suche nach einem gangbaren Weg. Eine Umkehr ist nicht mehr möglich. Der geduckte, demütig lächelnde Indígena richtet sich langsam wieder auf, erhebt stolz sein Haupt, das Feuer kehrt in seine Augen zurück und selbstbewusst proklamiert er schließlich: »Somos Mayas!«

Rechte Seite: Ein Campesino in Alta Verapaz. Die Maya wussten sich trotz 500-jähriger Unterdrückung ihre Identität zu bewahren.

Mächtige Sterne: Festgeschrieben im Tzolk'in Kalender, bestimmen die Sterne noch heute den Alltag der Maya und setzen Aussaat und Ernte fest. Links: Im Observatorium von Chichén Itzá wurde der Lauf der Gestirne genau studiert. Hinter jedem Stern stand im Verständnis der Maya eine göttliche Macht – oft auch mehrere. Besonders argwöhnisch betrachtete man chak ek', die Venus, denn man vermutete, dass sie Krieg und Unglück über die Menschen bringen würde.

Karfreitagsprozession in Antigua. Der blutüberströmte Christus wurde zur Identifikationsfigur der leidenden Maya

Die Mutter Erde der Maya und der christliche Vater des Himmels hätten einander durchaus harmonisch ergänzen können. Doch viele Chancen wurden vertan: »Ich bin überzeugt, dass die so genannte Begegnung zwischen den beiden Hemisphären einen der schlimmsten Schandflecken in der Geschichte des Christentums verursacht hat« (Kirchenhistoriker Justo González). Rechts: Kirche San Cristobal de las Casa in Chiapas.

**Kartoffelernte in den Bergen der Cuchumatanes, in einer Höhe von 3000 Metern.
Während die fruchtbaren Ebenen im Tiefland reichen Finqueros gehören, müssen sich die Maya mit den kargen und steilen Berghängen begnügen.**

Armut in Guatemala: SEGEPLAN, das präsidiale Sekretariat für Planung, kommt zum Schluss, dass Guatemala nach Brasilien und Südafrika das Land mit der größten sozialen Ungerechtigkeit ist. Ein Drittel der Bevölkerung muss mit weniger als einem US-Dollar pro Tag über die Runden kommen.

Begegnungen im Nebel: Stundenlang wandern die Bauern mit ihren Produkten in das Tal. Freunde treffen sich auf dem Weg zum Markt. In den unzugänglichen Bergen der Chuchumatanes zählen Freundschaft und Solidarität doppelt. Linke Seite: Heiliger Mais: Der Legende nach wurden die ersten Menschen aus Maismasse geformt. Noch immer ist Mais Grundnahrungsmittel der Maya. Das Hochland von Guatemala gilt als Urheimat der Maispflanze.

In Lateinamerika eine Frau zu sein ist nicht leicht – Indígenafrauen haben es doppelt schwer. In manchen Gebieten des Mayalandes sind bis zu 87 Prozent von ihnen Analphabetinnen.

Eine willkommene Abwechslung: Zuschauer und Akteure beim Wrestling in San Pedro am Atitlán See.

Auch im Land der Maya dringt die US-amerikanische Unterhaltungskultur bis in die abgelegensten Dörfer. Dass ein Fotograf bei diesem Ereignis zugegen war, regte die Akteure noch eigens an: Gleich dreimal wurde diese Tatsache über Lautsprecher ausgerufen.

Der Schleier über den Augen

Palenque (oben und rechte Seite): Die Ausgrabung liegt hoch über der Ebene des Usumacinta. Ihre Blüte erlebte sie zwischen den Jahren 600 und 800 n. Chr. Die hoch aufragenden durchbrochenen Dammkämme, die Cresterias, verleihen den Gebäuden Leichtigkeit und Eleganz.

Es warf das Herz des Himmels einen Schleier über die Augen. Und die trübten sich, wie wenn ein Hauch über den Spiegel geht. Ihre Augen trübten sich: Sie konnten nur noch sehen, was nahe war, nur was klar war«: So liest man im Popol Vuh, dem Buch des Rates der K'iché Maya, über die Erschaffung der Menschen. Die ersten Menschen – Waldjaguar und Nachtjaguar, Nachtherr und Mondjaguar, aus Maismasse geformt – waren zu perfekt geraten: »Vernunft war ihnen gegeben. Sie schauten, und sogleich sahen sie in die Ferne; sie erreichten, alles zu sehen, alles zu kennen, was es in der Welt gab. Wenn sie schauten, sahen sie sogleich alles im Umkreis, und ringsherum sahen sie die Kuppel des Himmels und das Innere der Erde.« Also beschloss das Herz des Himmels, den erkennenden Menschen weniger perfekt zu machen: »So wurden zerstört die Weisheit und alle Kenntnisse der vier Menschen des Ursprungs und Anfangs.« Schade!

Der Schleier bedeckte offenbar auch die Augen früherer Archäologengenerationen, denn beinahe alles, was bis vor etwa 30 Jahren als Dogma galt, ist heute widerlegt. Schuld an den Irrlehren waren die Schriften von Sylvanus G. Morley und das Buch »Aufstieg und Untergang der Maya-Zivilisation« von J. Eric. S. Thompson.

▷ Zur Geschichte der Maya

Erster Irrtum: Diesen Wissenschaftlern zufolge waren die Maya friedliebende Sterndeuter; einzig damit beschäftigt, den Lauf der Sterne und den der Zeit minutiös zu beobachten und zu vermessen. Das kam wohl daher, dass man außer den Kalenderglyphen nichts entziffern konnte. Morley löste das Problem, indem er jene Glyphen, die keine Daten enthielten, einfach ignorierte. Obwohl man nicht den geringsten Hinweis darauf hatte, behauptete man, die Personen auf den Stelen (Steinsäulen) wären Götter und keine Könige. Außerdem gäbe es angeblich keine Befestigungsanlagen, die ja bei Kriegen sicher angelegt worden wären. Schlussfolgerung: Die Maya waren friedlich, religiös und Meister der Zeit. Erst nach ihrer Übersiedlung nach Yukatán nahmen sie die mexikanischen Unsitten von Menschenopfern und Kriegsführung an.

Heute weiß man, dass die Maya genauso machthungrig, grausam und kriegerisch waren wie die anderen mittelamerikanischen Völker. Auch sie führten Kriege, um Kriegsgefangene opfern zu können, unterwarfen ihre Nachbarn und machten sie tributpflichtig. Außerdem fand man sehr wohl Palisaden, Mauern und Gräben wie etwa in Tikal, Dos Pilas oder Aguateca. Man nimmt sogar an, dass eine Eskalation von Kleinkriegen den Kollaps letztendlich herbeigeführt hat.

Olmekenkopf in Le Democracia am Pazifik.

Zweiter Irrtum: Die Zentren mit ihren Pyramiden und Palästen waren nicht die Mittelpunkte der Städte, sondern einsam im Urwald gelegene Ritualplätze, nur von Priestern bewohnt und höchstens zu Zeiten von Zeremonien und Festen von der bäuerlichen Bevölkerung besucht, die auf dem Land verstreut wohnte. Sie versorgten die edlen Priester freiwillig mit Nahrung und erfuhren von ihnen im Gegenzug die günstigen Daten für Aussaat und Ernten. Schuld für diesen Irrtum war unter anderem die Annahme, dass die alten Maya nur die Grabstockmethode und den extensiven Brandrodungs-Wanderfeldbau zur Bodenkultivierung kannten. Heute steht fest, dass die Maya intensiven Anbau mit Bewässerungskanälen, Staubecken sowie Terrassenanlagen betrieben. Nun hält man Bevölkerungszahlen von 50 000 bis 75 000 für Tikal und Dzibalchaltún für möglich und schätzt, dass es etwa 20 Städte dieser Größenordnung im Mayareich gegeben haben könnte.

Dritter Irrtum: Das Volk der Maya wurde als eigenständige, von anderen Völkern unbeeinflusste Kultur gesehen. Auch in diesem Punkt irrte man. Heute ist man sich sicher, dass es zum Beispiel mit Teotihuacán regen Handel, aber auch kriegerische Auseinandersetzungen gab.

Diese Erkenntnisse verdanken wir einer neuen Generation von Archäologen wie Linda Schele, David Freidel oder Nikolai Grube, die sich die Mühe machte, den Zugang auch über die lebenden Maya zu suchen. Viele dieser Forscher lernten indianische Sprachen, beschäftigten sich mit der gegenwärtigen Kultur, ihrer Kosmovision und verabschiedeten sich weitgehend von der Grabräuberarchäologie ihrer Vorgänger, die oft mehr Schatzsucher à la Indiana Jones waren als Wissenschaftler. Jademasken, Schmuckstücke und Tongefäße verschwanden in den Lagern, bestenfalls in den Vitrinen der Museen und Institute. Obwohl die Tendenz heute dahin geht, dass man viele Beutestücke an die Besitzerländer zurückgibt und ausgegrabene Bauten nach wissenschaftlicher Bestandsaufnahme wieder zuschüttet, trifft man immer wieder auf Spuren »promovierter Grabräuber« wie in Caracol, wo mitten im belizianischen Urwald Polyester-Stelen stehen, deren Orginale in den Fünfzigerjahren »gerettet« wurden und jetzt – sehr passend – auf dem Campus der Universität von Philadelphia stehen.

Aber auch im spirituellen Bereich wird man noch sensibler werden müssen. So sollten bei Graböffnungen und der Erforschung heiliger Kammern und Tempel mit Schamanen zusammengearbeitet werden. Diese Mayapriester könnten um Erlaubnis bitten, die alten Plätze stören zu dürfen, und um Schutz für die Grabungsarbeiter bitten. Auch wenn viele westliche Wissenschaftler diesen »Hokuspokus« nicht ernst nehmen wollen, so sollten sie ihn wenigstens aus Respekt vor den alten Maya und deren Nachkommen zulassen – vielleicht auch in ihrem eigenen Interesse.

Wie alles begann »Als Columbus Amerika betrat und glaubte, Indien entdeckt zu haben, saßen ein Afrikaner, ein Chinese, ein Wikinger und ein Marsmensch hinter den

Bäumen und hielten sich die Bäuche vor Lachen.« Diesen Witz erzählte mir der Chefrestaurator von Tikal bei einem Glas Cerveza. Es sei kein Geheimnis, dass etliche Menschen den Kontinent schon vor Columbus entdeckt hätten, meinte der Restaurator. Er kenne Abbildungen von Schwarzen, und auch die großen Kolossalköpfe der Olmeken würden eindeutig negride Gesichtszüge aufweisen.

Sogar als Überlebende von Atlantis werden die Olmeken gehandelt. Ein verfilztes Gewirr von Theorien und Vermutungen umwuchert die Anfänge dieser Kultur, die als Mutter-Zivilistion in Mesoamerika gilt. Verständlich – ist doch die Olmekenkultur mit ihren bis zu drei Meter hohen und 20 Tonnen schweren monumentalen Steinköpfen und den bulligen Figurinen aus Ton mit nichts Bekanntem zu vergleichen. Handel und Kunst dieses rätselhaften Volkes prägten weite Teile von Mittelamerika und bestimmten die frühe wie die mittlere vorklassische Periode (2000–300 v. Chr.). Die ältesten Funde wurden in der pazifischen Tiefebene Guatemalas gemacht. Die große Olmekenstadt San Lorenzo wurde an der Golfküste gegründet und wieder aufgegeben, La Venta entwickelte sich zum neuen Zentrum. Während die Dörfer am Pazifik noch olmekisch beeinflusst waren, entstand im Norden Belizes bereits eine eigenständige Mayakultur. Erste öffentliche Rituale zur Einweihung von Gebäuden können inzwischen nachgewiesen werden; wie zum Beispiel in Cuello, wo mehr als 20 Menschen verstümmelt und getötet wurden.

Aufstieg In der späten vorklassischen Periode (300 v. Chr.–300 n. Chr.) entstand die Zivilisation der Maya im Tiefland des heutigen Petén. Große Bevölkerungszentren wurden gebaut, erste Stelen errichtet. Ihr Weltbild, das etwa 1000 Jahre lang gültig sein sollte, formte sich. Mit Cerros in Belize und El Mirador in Guatemala entstanden die ersten Megazentren. Die großen Pyramidenkomplexe erreichten Höhen von 70 Metern. Wohlstand und Macht konzentrierte sich in Händen kleiner Eliteclans. Regenten waren Herrscher, die so genannten »k'ul ajaw«, die ihre Herkunft von Göttern ableiteten. Es entwickelte sich ein großer Ahnenkult, und man versuchte, mit den Vorfahren zu leben. Die Tempel waren die Schlafstätten der Götter, denen man in Trance begegnen konnte. Die sakralen Zentren der Städte waren künstliche Landschaften – Pyramiden stellten Berge dar, Ballspielplätze waren die Täler und die Eingänge zur Unterwelt, große Plätze symbolisierten Seeflächen. Wasserflächen galten als Trennungsebene zwischen Erde und Unterwelt. Während sich im Tiefland Kunst auf Architekturdetails beschränkte und Fassaden mit übermannsgroßen Stuckmasken versehen wurden, verselbstständigte sich im Hochland die Bildhauerei, indem man eigenständige Stelen mit Königsdarstellungen auf den Plazas aufstellte. Auch im Hochland entstanden Städte wie Kaminaljuyú, über deren Resten heute Guatemala City steht.

In den ersten zwei Jahrhunderten nach Christus wurden die großen Städte wie El Mirador, Nakbè und Cerros plötzlich aufgegeben. Die Bevölkerung schrumpfte – die Ursache dafür ist unbekannt. Andere Zentren wie Tikal, Uaxactún und Calakmul blühten auf. Das mehr als 1000 Kilometer nördlich gelegene Teotihuacán begann, die Maya zu beeinflussen.

Mit über 2000 Hieroglyphentexten und Reliefdarstellungen zählt Palenque zu den interessantesten Mayastätten.

Blütezeit – die klassische Phase (250–900 n. Chr.) Die Städte in den peripheren Regionen wie Copán und Palenque entwickelten sich zu eigenständigen Stadtstaaten, während die Zentren im Süden an Kraft verloren. Im Petén etablierten sich zwei große Kernpunkte: Tikal und Calakmul. Sie wurden theokratisch regiert, das heißt die Herrscher beriefen sich ausschließlich auf ihre angebliche religiöse Legitimation: im Namen der Götter. Tikals Macht und Ansehen stützen sich dabei auf enge Kontakte mit der großen Metropole Teotihuacán in Zentralmexiko. Im Jahr 378 n. Chr. dürfte ein Herrscher aus dem Hause Teotihuacáns die Regentschaft in Tikal übernommen haben. Die Nachbarstaaten wurden unterjocht und zu tributpflichtigen Vasallenstaaten degradiert.

Calacmul verfolgte die gleiche Strategie und blieb während der gesamten klassischen Zeit der Gegenspieler Tikals. Calacmul weitete seinen Einfluss durch Kriege, aber auch durch Diplomatie und Heiratspolitik aus. Die Herrscher der unterworfenen Städte wurden meistens geopfert; manchmal konnten sie nach erlittener Demütigung auch weiter regieren, durften jedoch nicht mehr den Beinamen »göttlich« tragen. Bald herrschte ein fragiles Gleichgewicht des Schreckens.

Im Gebiet Petexbatún entstanden nach und nach die Zentren Aguateca, Ceibal und Dos Pilas, am Usumacinta Yaxchilán, Bonampak und Piedras Negras. Auch sie befanden sich, wie die allermeisten der etwa 30 Kleinstaaten im Tiefland, im Einflussbereich einer der beiden Supermächte. Oft kam es zwischen den Städten zu Stellvertreterkriegen. Die kriegerischen Auseinandersetzungen nahmen immer mehr zu. Um 800 n. Chr. begannen die ersten Städte zu verfallen. Das letzte Datum auf einer Stele in Tikal stammt aus dem Jahr 869 n. Chr. In Ceibal gab es noch ein Aufblühen, als eine fremde Kultur – wohl die legendären Tolteken – die Stadt übernahm.

Wie alles endete Noch heute bietet der Kollaps Stoff für Spekulationen. Was war die Ursache für den plötzlichen Niedergang der Kultur? In den Fünfzigerjahren vertrat man die Ansicht, die unteren Schichten hätten die Priesterklasse gestürzt und sich dann friedlich aufs Land zurückgezogen. Heute gilt diese Theorie als überholt. Was war aber dann die Ursache? Missernten, Seuchen, Invasionen?

Neue Forschungen verhärten die Theorie, dass das Gleichgewicht der Supermächte aus den Fugen geriet. Dem Herrscher von Tikal gelang es, den Herrscher von Calacmul gefangen zu nehmen. Offenbar gelang es Tikal aber nicht, den Machtbereich abzusichern. Es entstand ein Machtvakuum, in dem sich die Vasallenstaaten in Kleinkriegen aufrieben, und es kam, laut Nikolai Grube, zu einer Balkanisierung, einer völligen Zersplitterung des Tieflandes; ganze Gebiete verloren damals ihre Hauptstädte.

Im Jahr 799 n. Chr. wurde Palenque, im Jahr 808 wurde Yaxchilán aufgegeben, Piedras Negras folgte. Mit dem Jahr 910 markiert die allerletzte Stelenglyphe der Stadt Itzimte das Ende der klassischen Epoche.

Kopfball: Schon dem göttlichen Brüderpaar des Popol Vuh kostete ihre Leidenschaft, Latexbälle durch Steinringe zu treiben, die Köpfe. Diese Tradition wurde beibehalten. Egal ob Gewinner oder Verlierer – irgendwer wurde immer geköpft.

Neue Städte Als die Kriege eskalierten, verlagerte sich das Geschehen in das nördliche Tiefland der Halbinsel Yucatán. Schon ab dem Jahr 700 n. Chr. kam es zu ersten Flüchtlingswellen und Völkerwanderungen. Neue Zentren in eindrucksvollen Architekturstilen wie der üppige Puuc, der Chenes oder der Rio-Bec-Stil entstanden. Städte wie Uxmal, Labná, und Kabah waren die neuen Bezugspunkte der ausgewanderten Süd-Maya. Familien wie die Itzá wanderten aus dem Gebiet des heutigen Lago Petén Itzá nahe Tikal ein, heirateten in bestehende Sippen ein und schufen eine neue Kultur. Chichén Itzá wurde zum neuen Zentrum, das weite Teile Yukatáns beherrschte. Statt von einem Regenten wurde das Imperium nun von einem Herrscherkollektiv regiert.

Seltsamerweise blieben aber auch die neuen Städte vom Kollaps des Südens nicht verschont. Auch hier enden die Datumsglyphen plötzlich Ende des 9. Jahrhunderts. Begonnene Bauten blieben unvollendet. Doch im Gegensatz zum Kernland gibt es hier noch nicht einmal eine Theorie über die Ursachen des plötzlichen Endes.

Ein Strom der vor den Kriegen fliehender Truppen begab sich in das südliche Hochland von Guatemala. Dort vermischten sie sich mit den lokalen Hochlandstämmen. Auch hier wurden um das Jahr 800 n. Chr. herum wichtige Städte wie zum Beispiel Kaminaljuyú aufgegeben.

Und wie es doch noch weiterging ... Die Epoche der Postklassik galt lange Zeit als letztes Aufflackern einer verlorenen Kultur. Denn noch einmal konnten sich Zentren etablieren. Mayapán übernahm im Jahr 1250 die Stelle von Chichén Itzá und wurde neue Hauptstadt Yukatans.

Flores, die Blüte des Peten, liegt auf einer Insel inmitten des Lago Peten Itzá. Hier stand einst Tayasal. Die letzte Trutzburg des Mayareiches wurde erst im Jahr 1697 eingenommen.

Auch im Kernland, nahe der verfallenden Stadt Tikal, gab es eine späte Renaissance. Eine Restbevölkerung von Chichén Itzá kehrte an den Lago Petén zurück und gründete auf einer Insel das Königreich Tayasal, das bis zum Jahr 1697 existierte. Heute liegt hier das Städtchen Flores. Im Hochland von Guatemala entstanden neue Staaten und Städte wie Mixco Viejo, Zaculeu und Iximché. Aber auch hier kam es immer wieder zu Auseinandersetzungen. So bekriegten sich die Kaqchikeles und K'ichés um die Vormachtstellung. Beide behaupteten, von den legendären Tolteken abzustammen. Den K'ichés gelang es, fast alle Nachbarn zu Vasallen zu machen. In den unterworfenen Völkern fand später der spanische Konquistador Alvarado willige Verbündete, denn sie hofften, mit Hilfe des fremden Eroberers die lästige Vorherrschaft brechen zu können. Ein verhängnisvoller Irrtum …

▷ Verwunschen, versunken

Im Norden Guatemalas befindet sich die noch immer recht dünn besiedelte Provinz Peten. Peten heißt auf Deutsch »die Insel« und ist inmitten von Weiden und Äckern tatsächlich das einzige Gebiet, in dem der Urwald noch als grünes, scheinbar endloses Meer existiert – und auch dort nur jenseits aller für Touristen erschlossenen Mayastätten. Erst im äußersten Norden des Landes hört der Urwald auf, löchrig zu werden, wird er zum Majestätsmantel einer heilen Erde, zur »Biosphäre Maya«, einem ausgedehnten Schutzgebiet.

Haben Sie sich schon einmal vorgestellt, wie Europa aussehen könnte, wenn unsere Zivilisation einmal untergangen ist und die Natur sich wieder ihre Erde zurückerobert hat? Wenn auf den Hauptplätzen unserer Städte die Nadelwälder rauschen und Gestrüpp die zerborstenen Einkaufszentren überwuchert? Im Peten kann man eine Ahnung davon bekommen, wie kurzlebig menschliches Bemühen ist und wie schnell scheinbar ewige Machtstrukturen in sich zusammenbrechen können.

Das El-Mirador-Becken war bereits im Jahr 1000 v. Chr. besiedelt – lange bevor die meisten antiken Stätten im Tiefland entstanden. Bereits im 2. Jahrhundert v. Chr. entstanden im Peten Megazentren wie El Mirador, Rio Azul und Nakbe. Eine Hochkultur erblühte, ein Handelsnetz wurde aufgebaut, das Reich dehnte sich immer weiter aus. Und das alles zu einer Zeit, als sich im Gebiet des späteren Tikal oder Calacmul noch Jaguar und Tapir gute Nacht sagten. Die Dichte der vorklassischen Besiedelung lässt sich in etwa mit der des heutigen Mitteleuropas vergleichen. Alle paar Kilometer stoßen wir auf überwachsene Zeremonialzentren, Grabhügel, Pyramidenreste oder überwucherte Bewässerungsanlagen – Zeugen einer intensiven Landwirtschaft.

Die Kultur der Maya ist für uns Europäer sicher auch deshalb so faszinierend, weil erst wenig entdeckt oder ausgegraben wurde. Und das wird auch vorerst so bleiben, denn für eine Ausgrabungsoffensive fehlt das Geld, das ohnehin schon zu knapp ist, um die wichtigsten Zentren vor dem Zerfall zu bewahren. Deshalb ist man heute vielfach dazu übergegangen, Ausgegrabenes nach einer genauen wissenschaftlichen Bestandsaufnahme wieder zuzuschütten – der beste Schutz vor Erosion und den fettigen Fingern von Touristen.

Tukane flattern auf, Brüllaffen schimpfen laut aus den Baumkronen, als sich unsere kleine Gruppe nach Tagen der Wanderung durch den Urwald ihrem Ziel nähert. Wir sind unterwegs nach El Mirador, einer geheimnisvollen Mayastadt, die verborgen im Dschungel liegt. Jorge, der Chiclero, zeigt uns den Weg. Als wir zu einer Wasserstelle kommen, treffen wir eine Gruppe Männer, die ihre Maultiere tränkt. Sie sammeln eine kleine Palmenart namens Shate. Diese wird in die USA exportiert und als Beiwerk für Schnittblumen genutzt. Viel wichtiger ist aber ihre Bedeutung für die Pharmaindustrie: Shate dient als Grundlage für Antikonzeptiva.

Der Shatero erzählt, dass hier niemand mehr Kinder habe, als er sich wünschte. »Drei Kinder sind genug«, meint er und fügt lachend hinzu: »Jetzt trinkt meine Frau Shate-Tee.«

Die Leute führen uns zu ihren einfachen Unterkünften. Große Bündel von Shate liegen zum Abtransport bereit. Obwohl keine Menschen im Urwald sesshaft sind, wird praktisch jeder Quadratkilometer genutzt. Dabei erleidet die Natur keinen Schaden.

Drei Exportgüter liefert der Urwald: das Shate, das Neugewürz (bei uns im Handel als Pimentgewürz erhältlich) und Chicle. Der Baum Chico Zapote sondert ein milchiges, zähflüssiges Harz aus, das man gut kauen kann. Hauptabnehmer der Latexmasse sind Mexiko, Japan, Italien und auch Südkorea.

Chiclero im Petén.

Die Shateros machen uns gleich mit einer weiteren Einnahmequelle bekannt. Sie zeigen uns Mayagefäße aus Ton. Diese sind für die Ausfuhr in die USA bestimmt – auf heimlichen Wegen natürlich, denn Grabraub ist strengstens verboten. Aber wir erfahren, dass jeder Chiclero gelegentlich ein Grab plündert. Schlechtes Gewissen haben sie keines, da vor einigen Jahren selbst der Kulturminister Jademasken ins Ausland geschmuggelt hat. Doch es gibt auch organisierte Banden, die sich nur mit der Plünderung von archäologischen Stätten ihre kargen Tortillas verdienen und deren mafiose Hintermänner in der Hauptstadt sitzen. Von den Aufkäufern bekommen die Grabräuber einige hundert Quetzales für Stücke, die in den Vereinigten Staaten und in Europa mit Hunderttausenden von Dollars gehandelt werden. Tendenz der Nachfrage: steigend. Abtransportiert werden die Kostbarkeiten auf den Straßen, die seit einigen Jahren von Holzfällern und Ölgesellschaften in den unwegsamen Dschungel getrieben werden. Manchmal wird die Beute den Kokain- und Marihuanalieferungen beigepackt. Der Peten ist durchlöchert mit geheimen Landepisten, auf denen die Drogenflugzeuge aus Kolumbien auf ihrem Weg in die Vereinigten Staaten auftanken können. Die Besitzer der Urwaldlandepisten kassieren pro Landung bis zu 50 000 Dollar Landegebühr. Unmengen von illegalem Geld überfluten das Land. Nachdem die Regierung unkontrollierte Transaktionen in die USA verboten hat, muss das Geld nun in Guatemala ausgegeben werden. Deshalb sieht man in der Hauptstadt die teuersten Autos aus Übersee und den USA. Gigantische Einkaufszentren mit halb leeren Exklusivgeschäften entstehen, großzügige Wohnanlagen für reiche Ausländer werden gebaut. Das alles erzählt mir Jorge, währen wir auf den Chicleropfad durch den Urwald wandern. Er ist glücklich, nach ein paar Jahren Stadterfahrung wieder in die Wälder zurückgekehrt zu sein. So viel Freiheit wie er haben nicht viele.

Geheimnisvolles El Mirador Nach drei Tagen Fußmarsch sind wir am Ziel. Natürlich haben wir keine weiß leuchtende Stadt mit grün schillernden Bannern aus Quetzalfedern erwartet, aber dass vorerst die einzige Bestätigung, dass wir unser Ziel erreicht haben, ein grinsendes »jetzt sind wir da« von Jorge sein würde, hat uns doch überrascht. Erst nach und nach erkennen wir, dass die Bodenunebenheiten durch Gebäudereste gebildet werden, und dass in den drei mächtigen Hügeln, die das Kronendach überragen, die größten Pyramiden der Mayakultur stecken – fast vollständig überwachsen. Man plagt sich also nur scheinbar einen steilen Hügelpfad hinauf. Die mächtigste Pyramide, die des »tigre«, umfasst 18 Stockwerke – somit ein echter Wolkenkratzer – und bedeckt eine Fläche von elf Fußballfeldern. Wenn man auf der obersten Plattform der Pyramide steht, sieht man intakten Urwald bis an den Horizont. Man versteht auch sofort die Namensgebung der Chicleros: El Mirador heißt Aussichtspunkt. In der Ferne erkennt man weitere Hügel: Ruinen der Nachbarstadt Nakbe. Zu ihr führt nicht einmal mehr ein Pfad.

Je dämmriger es wird, desto lauter ertönt das Geschrei der Brüllaffen und das Gekreisch der Papageien zu uns herauf. Man spürt bei den Tieren eine nervöse Spannung. Die Jahreszeit wechselt, die Regenzeit kündigt sich an. In der Ferne grollt der Donner. Die Tempelplattform liegt noch im letzten Licht der Sonne, der Wald versinkt schon im nächtlichen Schatten.

Über steile Treppen zu den Pyramiden von El Mirador, den höchsten des Mayareiches.

Die Luft ist mild nach dem abendlichen Gewitter, bei dem sich die Blitze von Wolke zu Wolke entladen, ohne in die Erde einzuschlagen. Das Feuer flackert, die Wildnis umgibt unseren Lichtschein wie eine schwarze Mauer. Jorge erzählt von den Zukunftsplänen der Peteneros: »Die Menschen müssen begreifen, dass ein lebender Urwald mehr Einnahmen bringen kann als sein einmaliges Abbrennen«, meint er. Ökotourismus, die Förderung eines lokalen Kunsthandwerks und die sanfte Nutzung der Pflanzen könnten die Menschen ernähren, ohne dass die letzte Urwaldinsel gerodet werden muss.

Ein schöner Traum. Aber Jorge weiß noch nichts von den gewaltigen Projekten zur Förderung von Erdöl, die den ganzen Peten, also auch diesen paradiesischen Ort rund um El Mirador betreffen werden. Zwei mächtige Ölkonzerne aus Argentinien und den USA haben bereits Verträge zur Erdölförderung auch in den geschützten Gebieten der Biosphära Maya und direkt in den Nationalparks rund um die archäologischen Stätten Tikal und Uaxactun abgeschlossen. Im Nationalpark Laguna del Tigre wurde bereits damit begonnen.

Die betroffene Bevölkerung stellte man anfangs mit Geld, Geschenken und der Aussicht auf Arbeitsplätze ruhig. Erst jetzt, wo das gewaltige Ausmaß der Zerstörung langsam sichtbar wird, kommt es zu Protestkundgebungen. Aber die Stimmen der Peteneros verhallen ungehört.

▷ Laguna Petexbatún

Noch liegt das milchige Licht des Morgens auf den Häusern der Inselstadt Flores. Das graue Wasser des Lago Petén Itzá ist spiegelglatt. Wir fahren mit dem Allradbus nach Süden – Zielpunkt Sayaxché. Die Schotterpiste führt durch Weideland. Der Urwald ist bis an den Horizont zurückgedrängt. Importierte Zebu-Rinder grasen gelassen, wo noch vor wenigen Jahren dichte Wildnis wucherte. Sayaxché, ein kleines heruntergekommenes Dörfchen, verdankt seine Bedeutung dem Fährverkehr auf dem Fluss Río de la Pasión auf der Transversal del Norte, die durch das Landesinnere über Cobán verläuft. Es ist ein wichtiger Versorgungspunkt für die Leute im Busch – als liebenswertes Kleinod besungen in schwermütigen Liedern.

Wir steigen um. Eine Lancha wird für den Rest der Reise unser Verkehrsmittel – ein etwa 20 Meter langes Holzboot aus Mahagoni mit Palmenblätterdach. Wir

Einbaum: Ein Fischer manövriert sich geschickt durch das Uferschilf des Lago Petén Itzá.

fahren zuerst den trägen Fluss stromaufwärts. Die Ufer sind meist Fincagebiet. Erst kurz vor Ceibal beginnt ein Resturwald. Der Name der archäologischen Stätte rührt von den vielen Ceibabäumen, den heiligen Bäumen der Maya. In den Legenden tragen sie das Himmelsgewölbe und sind deshalb oft die einzigen Bäume, die nicht gerodet wurden. Wer will schon, dass einem der Himmel auf den Kopf fällt?

Nach Ceibal wandern wir durch steiles, moskitoverseuchtes Gelände bergauf. Das Blätterdach lässt nur selten schmale Sonnenbündel durch, sonst herrscht grünes Dämmerlicht. Erst bei der Ausgrabung lichtet sich der Urwald zu einer exotischen Parkanlage. Der Zeremonialplatz mit der Hauptpyramide und den Stelen liegt im warmen Licht der Nachmittagssonne. Auf den Stelen, die neben denen Copáns und Quiriguás zu den schönsten zählen, sind meist Krieger in Seitenansicht dargestellt. Deutlich sieht man den Einfluss einer anderen Kultur. Wie so viele weitere Zentren im Usumacintagebiet, wurde auch Ceibal im 9. Jahrhundert von einem fremden Volk unterworfen. Viele Archäologen denken dabei an die Tolteken, deren Zentrum Tula im Norden Teotihuacáns liegt und dessen kulturelles und religiöses Erbe die Maya

Der Weltenbaum: Die Ceiba (Ceiba pentandra, Bombacaceae) gilt als heiliger Baum der Maya, als Verbindungsachse der verschiedenen Weltenebenen.

angetreten hatten. Eigentlich seien es die mit den Tolteken verbündeten Chontales gewesen, die somit den Überlandweg von Tabasco nach Honduras unter Kontrolle hatten und regen Handel betrieben, meinen andere, oder es sei das Volk der Putúns von der Golfküste gewesen, vermuten die nächsten. Fest steht, dass eine fremde Macht Ceibal unterwerfen konnte und es zu einer späten Blüte führte. Dies beweist am besten eine Stele mit der Darstellung eines Mayawürdenträgers, der sich einem fremden Herrscher zu Füßen legt.

Zurück zum Fluss, Biereinkauf in Sayaxche, dem Versorgungszentrum für Leute aus dem Busch. Gleich hinter dem Ort windet sich ein schmales Flüsschen in Richtung Süden. Es bringt uns zur Lagune Petexbatún. Die kurze Tropendämmerung beginnt, und die Nacht senkt sich wie ein schweres Tuch über den Dschungel. Ab und zu sieht man auf der Uferböschung Kerzenlicht aus Bambushütten schimmern. Ein milchiger Mond schiebt sich immer wieder zwischen den Wolken hervor. Dann weitet sich die Landschaft, und vor uns liegt silbern und geheimnisvoll der Urwaldsee.

In der Frühe werden wir vom Gekreisch eines Tukanschwarms geweckt. Die Vögel sitzen auf einem nahen Baum; die bunten, langen, aber federleichten Schnäbel heben sich deutlich gegen den Himmel ab. In der Kormoranbucht steht ein indianischer Fischer in seinem wackeligen Einbaum und wirft sein Rundnetz aus; immer wieder leuchtet das tropfnasse Gespinst im Morgenlicht auf. Endlich scheint er etwas gefangen zu haben – etwas Großes, Schweres. Der Mann zerrt verzweifelt an seinem Netz, aber er kann es nicht einholen. Es scheint sich verfangen zu haben. Da fällt mir ein, dass die meisten Indianer nicht schwimmen können. Ich freue mich über die Gelegenheit, ein Morgenbad zu nehmen, und eile ihm zu Hilfe. Nach einigen Tauchversuchen kann ich dann das Netz tatsächlich von dem Baumstrunk lösen.

Dos Pilas erreicht man nach einem mehrstündigen, Schweiß treibenden Fußmarsch durch den Urwald. Die Ausgrabung sorgte für Aufregung, als man dort eine Treppe mit Glyphen fand, anhand derer man die wirre Geschichte von Kriegen und Expansionsversuchen entziffern konnte. Feuerstein-Himmelsgott »K«, ein Verwandter der Tikaldynastie, gründete hier im 7. Jahrhundert ein neues Königreich und weitete seine Macht durch eine geschickte Heiratspolitik aus. Seine Söhne setzten sein Werk fort. Sie unterwarfen die Nachbarstadt Ceibal, nahmen deren König gefangen und opferten ihn. Ein Bündnis mit dem damals mächtigen Herrscher Jaguartatze von Calacmul garantierte dem machthungrigen Regenten von Dos Pilas die Ausdehnung des Königreichs nach Osten. Dos Pilas und das nahe Aguateca wurden Zwillingsstädte, die über ein Gebiet von etwa 2000 Quadratkilometern Größe herrschten. Im Jahr 761 erschütterten massive Angriffe der unterdrückten Nachbarn das Zentrum. Die herrlichen Pyramiden und Paläste wurden teilweise demontiert, um einen gewaltigen Schutzwall gegen die Aggressoren zu errichten. Dos Pilas Zeit war abgelaufen.

Nach einer Nacht mit Brüllaffengezeter und Kormorangegrunze tuckert unsere Lancha zum Südende des Sees. Bei einer Sandbank legen wir an und wandern zur Ruinenstätte Aguateca. Ein steiler Pfad führt über einen Kalkabbruch auf das Hochplateau der Mayastadt.

Aguateca, durch eine Karstschlucht und einen Palisadenwall geschützt, war nur über zwei leicht verteidigbare Felsbrücken erreichbar. Hierher flohen die Überlebenden von Dos Pilas. Die Stadt behielt noch 50 Jahre ihre Selbstständigkeit, dann wurde auch sie eingenommen. Heute sind die Gebäudereste überwuchert. Opfersteine und Stelen liegen herum, einst reich verziert. Hier waren Grabräuber am Werk. Sie trennten die skulptierten Oberflächen der Stelen mit Steinsägen ab. Die ganzen Steine wären für den Transport zu schwer gewesen, die etwa zwei Zentimeter dicken Platten konnte man mit dem Boot abtransportieren. Jetzt stehen nur mehr die schmucklosen Steinsäulen im Urwald – die herrlichen Ornamentplatten hängen wahrscheinlich an den Wänden irgendeiner Villa.

Ein schwimmendes Restaurant auf dem Lago Peten Itzá.

Nach einigen Stunden Fahrt auf dem Río de la Pasión stromabwärts biegen wir in den kleinen Seitenfluss Arroyo Pucté ein. Das Wasser ist glasklar und seltsam kühl. Und da sind sie wirklich – die legendären Seerosen unter Wasser. Die weißen Blüten wachsen in etwa zwei Metern Tiefe. Wie sie sich vermehren? Wie sie bestäubt werden? Kein Botaniker kann es mir erklären.

Die Ausgrabung Altar de los Sacrificios liegt am Zusammenfluss des Río Salinas und des Río de la Pasión. Erst ab jetzt heißt der Strom Usumacinta. Einst war die Stadt ein Handelszentrum und ebenfalls von den Tolteken erobert worden. Die Keramiken waren berühmt für ihre feine Qualität und ihre kunstvollen Verzierungen auf orangefarbenem Grund. Wir finden halb überwachsene Stelen, algengrüne Opfersteine, wurzelüberschlungene Treppenreste, die mit Muschelkalk gefestigt worden waren. Angesichts der zwei breit dahinfließenden Ströme fällt es schwer, an die neu aufgeflammte Klima-Theorie zu glauben: Eine Dürreperiode sei angeblich die Ursache für den Zusammenbruch des Mayareiches gewesen, heißt es. Zwar sprechen einige Klimaaufzeichnungen für eine Trockenperiode im 9. Jahrhundert; trotzdem scheint es kaum glaubhaft, dass mächtige Flüsse versiegt, Seen verdunstet und gewaltige unterirdische Wassersysteme, die sich unter der Kalkplatte der gesamten Halbinsel erstrecken, ausgetrocknet sein sollten.

▷ Auf dem Usumacinta

Juan de Dios ist Maya, Petenero, Künstler und Lancha-Fahrer und zwar genau in dieser Reihenfolge. Aus Caobaholz schnitzt er Souvenirs für die Touristen – Masken, Tiere und Reliefarbeiten mit den Monatsglyphen. »Ich halte mich genau an die Vorlagen unserer Ahnen«, erklärt er mir und holt stolz eine ölverschmierte Ausgabe des Standardwerks über die Mayaforschung, »A forest of kings« von Linda Schele und David Freidel, hervor. »Ich kenne das Buch genau«, erzählt er. In Florida habe er als Erntearbeiter Englisch, in Flores Lesen und Schreiben gelernt, und nun ist er einer der wenigen lebenden Maya, die über ihre Geschichte Bescheid wissen. »Aber es werden immer mehr. Es gibt sogar schon Kurse für das Lesen der Glyphen«, berichtet er anschließend.

Langsam tuckert die Lancha auf dem Grenzfluss Usumacinta gen Norden. Linkes: Ufer Mexiko, rechtes Ufer: Guatemala. Der Waldstreifen am Ufer ist nur Staffage: Er täuscht intakten Urwald vor. Inmitten fader Weiden stehen vereinzelt Bauminseln und Dschungeloasen. Armselige Reste eines endlosen Waldes, und auch die brennen schon da und dort: Immer wieder steigen qualmende Rauchtürme in den Himmel, wehen beißende Schwaden über den Fluss. Auf der guatemaltekischen Seite sind die Rodungen noch nicht ganz so weit fortgeschritten. Die Gegend war Kampfgebiet während des Bürgerkrieges und Rückzugsgebiet für Guerilleros. Aber in Mexiko wurde gründliche Arbeit geleistet. Immerhin beschrieb schon B. Traven Anfang des 20. Jahrhunderts in seinem Caoba-Zyklus die Vernichtung der Tropenwälder, den Abtransport der Mahagoni-Giganten und die rücksichtslose Ausbeutung von Mensch und Natur.

Plötzlich erleichtertes Aufatmen. Das Tal engt sich, die Urwalddecke scheint weniger löchrig, schließt sich und vermittelt

Am Rio Usumacinta kann man mit etwas Glück Krokodile beobachten.

endlich wieder das Gefühl von unberührter Natur: Wir haben die Wälder der Lakandonen erreicht. Seitenflüsse ergießen sich kaskadenartig über weitläufige Kalksinterterrassen in den Hauptstrom. Wir legen an, schwimmen in den kühlen Becken, beobachten einen Schwarm roter Aras in den Baumkronen eines Zapotebaums. Plötzlich tauchen zwei Lakandonen am Ufer auf. Beinahe überirdisch wirkend gleiten sie aus dem Urwald. Sie sind barfuß, haben schulterlanges, schwarzes Haar und tragen weiße, bis zu den Knien reichende Tuniken. Juan de Dios kennt die beiden. Sie stammen aus dem nahen Dorf Lacanhá. Juan de Dios kramt zwei Dosen Gallo-Bier aus der Proviantkiste und gibt sie den Männern. Er selbst gönnt sich auch ein Bier. Sie seien unterwegs, um Pecaris, eine Wildschweinart, zu jagen, erklären die Lakandonen. Aber heute hätten sie noch kein Glück gehabt.

Es gibt nur mehr 400 Angehörige dieses geheimnisvollen Volkes, die sich selbst »hach winik«, die »echten Menschen« nennen. Es sind Indianer, die aus einer Abhandlung über edle Wilde zu stammen scheinen und an denen sich die Phantasie vieler Generationen romantischer Zurück-zur-Natur-Schwärmer entzündet hat. Eine davon war die Schweizerin Gertrude Duby Blom. Sie fotografierte 40 Jahre lang die Selva Lacandona und ihre Bewohner. Ihre eindrucksvollen Fotogafien zeigen eine heile Welt – schöne Menschen mit stolzen Gesichtern in einer unwirklichen Dschungellandschaft. Aber die bunt schillernde Seifenblase ist zerplatzt, die Hoffnung auf eine Rettung in letzter Minute zerbrochen.

Auch an den Lakandonen ging der Fortschritt nicht vorüber. Da die Spanier kein Interesse an diesem feuchtheißen Urwaldgebiet zeigten, das wertlose Stück Land bis ins letzte Jahrhundert unerschlossen blieb und die Lakandonen im Einklang mit der Natur, ja sogar mit ihren alten Göttern lebten, hatte das 20. Jahrhundert einiges aufzuholen.

Holzfäller kamen zuerst mit Äxten, dann mit Motorsägen. Bauern kultivierten das Land. Wo früher Bäume wuchsen, wurde Kaffee und Mais angebaut. Schließlich errichtete die große Erdölkompanie Pemex sechs Ölbohrtürme in den Sierras de Lacandón. Alle drei verbliebenen Dörfer sind inzwischen mit dem Auto erreichbar, ans Stromnetz angeschlossen, und in manchen Hütten flimmert ein Fernsehapparat. Auch in religiösen Dingen wurden sie vor rund 40 Jahren bekehrt: In Mensäbäk ertönen seit zwei Jahrzehnten die scheppernden Lautsprecher der evangelikalen Prediger durch die Dorfstraßen.

Unsere beiden Gäste haben ebenfalls den »wahren Glauben« angenommen und besuchen regelmäßig den Gottesdienst. Obwohl es manchmal schwer sei, sich davon zu überzeugen, dass über den vielen Tieren, den Bäumen, den Quellen und Seen nur ein einziger Geist schweben soll, meinen sie. Einzig in Najá wird noch der alten Götter gedacht, verehrt man Hachäkum, den Herrn der Schöpfung und Kanank'ax, den Hüter des Waldes. Aber die alten Gottheiten verloren an Anziehungskraft, wie der über 100 Jahre alte Chank'in, der geistige Führer des Dorfes. Und wer weiß? Vielleicht ist es wirklich angenehmer, unter einem Wellblechdach zu leben und sich den Lebensunterhalt mit geschnitzten Pfeilen für Touristen zu verdienen? Zivilisationsmüden Europäern steht es jedenfalls als Letzten zu, darüber zu urteilen.

Es ist bereits später Nachmittag, als wir aufbrechen. Wir nehmen die beiden Lakandonen ein Stück mit unserer Lancha mit. Zum Abschied winken sie noch einmal kurz zum Boot, ein paar Mal leuchtet noch das Weiß ihrer Gewänder zwischen den Blättern hervor, dann hat sie das Ufergestrüpp geschluckt. Trotz der schnell hereinbrechenden Dunkelheit fährt Juan de Dios weiter. Er kennt den Fluss, jede Sandbank, jeden Wirbel, jeden Felsen – hat er uns wenigstens versichert –, und wir lehnen uns ruhig zurück, lauschen dem einschläfernden Tuckern des Motors und dem abendlichen Urwaldkonzert. Plötzlich werden wir mit einem Ruck von unseren Bänken geschleudert, der Bootsboden wölbt sich, Holz kracht und splittert. Wir sind mit voller Geschwindigkeit auf eine Sandbank aufgelaufen und sitzen mitten im Fluss fest. Wasser dringt ein, die Strömung zerrt am Boot. Wir springen in den Fluss und schieben und zerren die Lancha zurück in tieferes Wasser. Hastig sucht Juan de Dios

nach einem Lager. Wir werden Yaxchilán erst morgen erreichen.

Die halbe Nacht hören wir Hämmern und Sägen. Der Petenero kann den Schaden wirklich reparieren, und schon bald erreichen wir eine markante Schleife des Flusses, der hier 175 Meter breit ist. Im seichten Uferwasser waschen barbusige Frauen auf flach gespülten Felsen ihre Wäsche. Steil ragen die Uferhänge empor, darüber erheben sich die verfallenen Reste der Pyramiden und Paläste von Yaxchilán.

Die Stadt wurde auf dem Hochplateau der Mäanderinsel errichtet, von wo aus man den Usumacinta – den die Maya Xocol Ha nannten – kontrollieren konnte. Sie war vom 6. bis zum Beginn des 9. Jahrhunderts kulturelles, militärisches und wirtschaftliches Zentrum. Hier mussten die Waren aus dem Süden in kleinere Boote umgeladen, denn stromabwärts vor Piedras Negras gibt es ziemlich gefährliche Stromschnellen, die für größere Boote nicht zu befahren sind.

Der Name Yaxchilán bedeutet »grüne Steine«. Und wirklich tauchen die durch die Baumkronen fallenden Sonnenstrahlen die Ruinen in ein seltsam grünliches Dämmerlicht. Die gewaltige Ausdehnung der Stadt kann man nur mehr erahnen. Zwar wurde das Zentrum mit seinen Palästen, Pyramiden, Treppen und dem Ballspielplatz freigelegt, aber die meisten Gebäudereste verlieren sich als überwucherte Hügel im dichten Urwald. Die Stadt erinnert einerseits mit den skulptierten Stelen an Tikal oder Uaxactun, andererseits mit seinen locker durchbrochenen Dachkämmen an die Architektur Palenques. Einst waren diese Cresterias mit großen vielfarbigen Gestalten verziert. Auch an der Fassade

»Grüne Steine«: Yaxchilán in Chiapas am Rio Usumacinta. Der Herrscher Yaxun Balam (752–770) prägte das Bild der Stadt.

des Königstempels thronte einst die riesenhafte Gestalt des Vogel-Jaguars, aber heute ragt nur mehr ein Bein skurril in den Himmel.

Am Fuß der Akropolis erstreckt sich der längste Zeremonialplatz des Mayagebiets: Dreihundert Meter ist er lang. An seinem Rand befinden sich ein Ballspielplatz, etliche Flachstelen und verschiedene Gebäude, von denen das so genannte Labyrinth das Interessanteste ist – ein Gewirr sich verzweigender schmaler Kammern ohne Fenster, von deren Kraggewölben die Fledermäuse hängen.

Aber nicht die Bauten sind es, die den Reiz dieses Ortes ausmachen. Es sind die herrlich gearbeiteten Flachreliefe, die im Mayareich einmalig sind. Die meisten dieser Relieftafeln bilden die Unterseiten der Türsimse. Man sieht diese Arbeiten also nur, wenn man in einem Türsturz stehen bleibt und nach oben schaut.

Diese Linteln, wie sie von den Wissenschaftlern genannt werden, sind so schön, ihre Darstellungen sind so aufregend und aufschlussreich, dass in der Zeit der Grabräuber-Archäologie viele Tafeln in Museen gebracht wurden. Heute findet man sie zum Beispiel im Museum für Anthropologie in Mexiko und im British Museum von London.

Juan de Dios erklärt uns anhand von Zeichnungen und Tafeln die Geschichte des Ortes, erzählt von Schlachten, Niederlagen und Siegen, von Hochzeiten und Thronbesteigungen, Machtkämpfen und Menschenopfern. Immer wieder tauchen zwei Namen auf – Schild-Jaguar und sein Sohn Vogel-Jaguar I. Über keine Herrscherdynastie weiß man so viele Details, wie über diesen B'alam-Clan (B'alam=Jaguar) des 7. und 8. Jahrhunderts: Die Geschichte begann um das Jahr 647, als Schild-Jaguar geboren wurde, den eine ruhmreiche Laufbahn erwartete. Als er mit 92 Jahren starb, hatte er sechs Jahrzehnte davon als Alleinherrscher regiert, Yaxchilán ausbauen lassen und seinen Machtbereich erweitert.

Juan de Dios führt uns zu einem weiteren Lintel. Seltsamerweise ist auf dem Relief für die Thronbesteigung Schild-Jaguars nicht er selbst, sondern dessen Hauptfrau, Frau Xok, abgebildet. Sie vollzieht anlässlich der Feier ein Blutentnahme-Ritual, und damit sind wir bei einer Reihe von Darstellungen angelangt, die mehr aussagen über die bizarre, uns kaum verständliche Welt der Maya, als Schlachtszenen und Herrscherdarstellungen.

Immer wieder, so auch bei der Geburt des Sohnes Vogel-Jaguar, bei seiner Thronbesteigung und später bei der Geburt dessen Sohnes, taucht das Selbstopferungsritual auf. Juan de Dios versucht uns zu beschreiben, was sich da abgespielt haben könnte: »In der linken Tafelhälfte kauert eine weibliche Gestalt. Es ist Frau B'alam aus Ix Witz, die Frau von Vogel-Jaguar. Obwohl nicht sie, sondern die Nebenfrau, Frau-Groß-Schädel-Null – benannt nach ihren Geburtsdaten im Maya-Kalender –, vor wenigen Wochen einen Sohn geboren hat, ist es ihre Pflicht, das Blutentnahme-Ritiual zu vollziehen und den Kontakt zu den Ahnen aufzunehmen. Schon seit Tagen hat sie gefastet und sich im Dunkel des Tempelinneren zur Meditation zurückgezogen, um den Bewusstseinswandel herbeizuführen, der notwendig sein wird, die Visionsschlange erscheinen zu lassen.

Auch ihr Gatte Vogel-Jaguar, der sitzend, bekleidet mit festlichem Brustornat, einer Quetzalfederkone auf dem Haupt,

Inmitten unberührter Natur: Dichter Urwald umgibt die geheimnisvolle Stadt Yaxchilán.

Nasenpflock und weißem Lendentuch in der rechten Bildhälfte dargestellt ist, hat sich vorbereitet. Wahrscheinlich haben die beiden auch einen halluzinogenen Trank zu sich genommen, um das Wahrnehmungsvermögen für das Göttliche zu öffnen. Fackeln erhellen das Dunkel des Raumes. Vogel-Jaguar nimmt einen Rochenstachel und durchbohrt mit ruhiger Hand die herausgestreckte Zunge seiner Gattin. Frau B'alam nimmt eine Schnur und zieht diese langsam durch die Wunde.

In anderen Darstellungen ist diese Schnur sogar mit Dornen besetzt. Blut fließt in Strömen auf den weißen Huipil. Das Volk soll anschließend wenigstens die Spuren der heiligen Handlung sehen. Zu ihren Füßen steht eine Schale mit Streifen aus Amatepapier. In diese tropft das Blut und wird aufgesaugt. Vogel-Jaguar hat sich inzwischen gesetzt. Er spreizt die Beine, durchbohrt mit dem Rochenstachel mehrmals seine Vorhaut und lässt das Blut auf die Papierstreifen tropfen. Nun folgt der entscheidende Teil des Rituals. Kann man in die Anderswelt vordringen, gelingt der Kontakt? Die Papierstreifen werden entzündet, eine Rauchsäule steigt auf und bildet plötzlich den Körper einer sich windenden Riesenschlange, aus deren weit geöffnetem Maul eine Person herausschaut – ein Ahne oder ein Gott. Der Kontakt zur anderen Welt wurde geschlossen.

Die Visionsschlange ist der Tunnel zu einer anderen Bewusstseinsebene und ein zentrales Thema der mesoamerikanischen Kunst. Ob Olmeken, Maya oder Azteken – in allen Kulturen windet sich die Visionsschlange in vielen Variationen über Stelen und Relieftafeln. Manchmal hat sie nur ein Haupt, manchmal ist sie doppelköpfig, manchmal skelettiert; immer aber ist sie ein geheimnisvolles Symbol für die Verbindung zur Anderswelt. Von dort erfleht man den Schutz für das neugeborene Kind oder erbittet den Beistand für eine Regentschaft und erhält Prophezeiungen.

Das Opfer des Ehepaares war erfolgreich. Ein bedeutender Ahne ist erschienen und hat den Schutz für den Königssohn übernommen. Geschwächt von der Blutentnahme, zittrig von dem soeben Erlebten, wankt das Königspaar auf die Plattform des Tempels. Der Platz davor ist gefüllt mit einer wartenden Menschenmenge. Jubel braust auf, Trommeln werden geschlagen und Muschelhörner geblasen, als die Menschen die blutbefleckten Gewänder der Herrscher sehen.

Und genau hier, wo wir stehen, hat sich das geheimnisvolle Geschehen abgespielt«, bringt uns Juan de Dios in die Gegenwart zurück. Trommeln und Muschelhörner sind verstummt. Die Plaza unter uns liegt wieder im stillen Dämmerlicht des Spätnachmittags. Und ich werde den Eindruck nicht los, dass uns die Maya so fremd sind, als kämen sie von einem anderen Stern, was ja von einigen Sensationsmachern immer wieder behauptet wird.

Daran können selbst neueste Forschungsergebnisse wenig ändern: Je mehr ihre Welt ausgeleuchtet wird, desto rätselhafter erscheint sie.

Auch die einzigartigen Fresken des nahen Bonampak entführen uns in eine Welt, die mit ihren bziarren Kultformen schon dem Untergang geweiht zu sein schien.

Bonampak: Diese Stätte am Rio Lacanjá erlangte Weltruhm, als der US-amerikanische Filmemacher Giles Healy im Jahr 1946 von Lakandonen zu unscheinbaren Ruinen geführt wurde. Im Lichtkegel seiner Taschenlampe leuchtete ein pittoresker Freskenzyklus auf: Szenen eines Schlachtgetümmels, eine Siegesfeier, Selbstopferungsrituale, Darstellungen der Folterung und Opferung von Gefangenen. Und viel Blut fließt auf den Gemälden. Den Gefangenen werden die Fingernägel herausgezogen, die Peiniger ergötzen sich an den schmerzverzerrten Gesichtern der Unterworfenen. Aus heutiger Sicht ist es völlig unverständlich, wieso die Wissenschaft so lange an dem Bild der Maya als friedliebende Sterngucker festhalten konnte. Auf einer Pyramide tanzen Fürsten mit weit ausgebreiteten Tänzerflügeln einen rituellen Wirbeltanz, während die Gefangenen der Reihe nach abgeschlachtet werden. Die leuchtenden Bilder, die von einer milchig weißen Kalkschicht jahrhundertelang geschützt worden sind, verblassen und zerfallen im Zeitraffertempo, seit diese Patina im Jahr 1984 in einem Dreijahresprogramm, das von der mexikanischen Regierung in Auftrag gegeben worden war, entfernt wurde. Touristen, die Feuer entzündet hatten,

Bonampak: Die Stätte am Rio Lacanjá wurde erst im Jahr 1946 entdeckt. Weltruhm erlangte sie durch ihre Freskenzyklen mit Szenen aus dem Leben der Maya.

um die Bilder deutlicher betrachten zu können, leisteten zusätzlich ihren Beitrag zu der Zerstörung.

Seit einigen Jahren sind die Fresken nicht mehr zugänglich. Dafür schuf Rina Lazo im Gelände des Museums für Anthropologie in Mexiko City eine herrliche Kopie im Maßstab eins zu eins. Die Bilder, die am Orginalplatz kaum mehr erkennbar sind, erwachten durch aufwändige Computertechnik und gekonnte Freskenmalerei zu neuem Leben. Heute bietet sich uns der Zyklus wieder so dar, wie ihn der Herrscher Chaan Muan im Jahr 790 n. Chr. betrachten konnte, während die Farben trockneten. Er enthüllt das Bild einer Gesellschaft, die durch Kriege und verstiegene religiöse Praktiken aus den Fugen geraten und dem Untergang geweiht war.

»Keine Gesellschaft kann unter dem Blut und der Not anderer Völker aufblühen«, meint Juan de Dios ernst, während wir den Usumacinta zurücktuckern. Ich starre nachdenklich auf das Rinnsal, das zwischen den notdürftig reparierten Bodenplanken hervorquillt. Höre ich in diesen Worten etwa eine versteckte Warnung für unsere westliche Welt?

▷ Der grausame Sonnengott

Im vornehmen Gebäude des Clubs Guatemala in der Zone 1, dem historischen Zentrum der Hauptstadt, hängt ein großes Portrait des Eroberers dieses Landes. Pedro de Alvarados Gesichtszüge wirken hart, die Lippen sind schmal und blutleer, die Haut ist von ungesunder (oder vornehmer?), grünlich schimmernder Blässe, aber in seinen Augen glüht ein seltsames Feuer.

Wer war dieser Mensch, der mit ein paar hundert Mann ein gewaltiges Reich erobern konnte, dessen Portrait einen Ehrenplatz im Exklusivclub der reichen Chapines einnimmt und dessen Andenken zugleich von den Indígenas aufrecht-erhalten wird, wenn sie die goldgelockten Holzmasken des Tonatiuh, des Sohnes der Sonne, wie er wegen seines blonden Haares genannt wurde, aufsetzen und in den Bailes de la Conquista die Eroberung nachtanzen?

Sicher wäre Alvarado kein Anwärter auf den Friedensnobelpreis gewesen, aber er muss ein mutiger Kämpfer und unerschrockener Haudegen gewesen sein, sonst wäre er nicht von den unterworfenen Völkern in diesem Maße respektiert worden. Immerhin waren die Maya ja auch nicht gerade die Sanftmütigsten.

Alvarado wurde im Jahr 1485 im spanischen Hochland von Extremadura geboren, stammte also aus derselben Region wie die Elite-Konquistadoren Cortéz und Pizarro. Seine ersten Lorbeeren holte er sich bei der Yucatán-Expedition Grijalvas. Als Held kehrte er nach Cuba zurück, wo er vom Gouverneur Diego de Velásquez umarmt und gefeiert wurde: Immerhin hatte der junge Kämpfer etliche Schmuckstücke aus Gold mitgebracht, die Anlass zur Hoffnung gaben.

Nächster Auftrag: Tenochtitlan. Alvarado begleitete Cortéz und seine Azteken auf seinem legendären Eroberungsfeldzug gegen Motecuzoma, wie der von den Spaniern schlampig genannte Montezuma geheißen haben soll. Auf dem Weg dorthin verbündeten sich die Spanier mit den Stämmen, die den Mexicas tributpflichtig waren. Die Ereignisse in Tenochtitlan, der friedliche Empfang des sehnlichst erwarteten Quetzalcoatls, das Massaker durch die Azteken, die »noche triste« und die anschließende Eroberung und Zerstörung der weiß schillernden Inselstadt, die später Mexiko genannt wurde, sollten eigentlich genug Abenteuer, Ruhm und Reichtum für ein Menschenleben geliefert haben. Doch für Alvarado war es gerade mal der Anfang. Karl V. hatte es nämlich eilig, auch die restlichen Teile Zentral- und Südamerikas zu erobern, ehe ihm die Portugiesen, Engländer oder Holländer zuvorkommen konnten. Hernán Cortés beauftragte seinen Offizier, die Gebiete im Süden unter spanische Herrschaft zu bringen.

Alvarado hatte sich bei den Kämpfen durch besondere Rücksichtslosigkeit hervorgetan: »Es gibt keinen grausameren Menschen, niemand, der die Indios so schlecht behandelt wie er. Wo er weilt, wird es keinen Frieden geben«, beurteilte ihn sein Waffengefährte Francisco de Montejo. Er sollte Recht behalten. Mit 120 Mann Kavallerie, 300 Mann Infanterie, vier Kanonen, und etwa 3000 unterworfenen Indianern marschierte Alvarado gegen Süden, um gegen Indianer zu kämpfen, die nur mit Speeren, Pfeil und Bogen und obsidianbesetzten Keulen bewaffnet waren.

Die Hochblüte der Maya war schon seit 400 Jahren vorüber, und im Hochland bekriegten oder verbündeten sich je nach Bedarf die Stämme der K'ichés, Kaqchikeles, Tzutuhiles, Mames, Poqomames und Pipiles – alles neue, selbstständige Königreiche mit einer eigenen Sprache und einem eigenen Herrscher. Die Strategie der Spanier, die schon im Kampf gegen die Azteken aufgegangen war – die verfeindeten Gruppen gegeneinander auszuspielen – erwies sich auch jetzt als erfolgreich.

Mit Hilfe der Kaqchikeles gelang es den Spaniern, ein Reich nach dem anderen zu besiegen. Immerhin ließ man den Maya eine Alternative: Karl V. hatte großzügig verfügt, dass vor jedem Angriff eine Friedensbotschaft, die »requisición«, verlesen werden musste. Derzufolge hatten die Maya die Wahl, ihre neue Majestät anzuerkennen und zu kooperieren oder als Rebellen verfolgt, bestraft und versklavt zu werden. Letztlich führte es zum selben Ergebnis, wie man an den kooperierenden Kaqchikeles sehen konnte, deren Häuptlinge gehängt und verbrannt wurden, nachdem sie geholfen hatten, die benachbarten Stämme zu unterwerfen …

Über das heiße, feuchte Tiefland erreichte das Heer Alvarados das Mayaland. Im Januar 1524 unterwarfen die Spanier in der Provinz Soconusco die Mam-Maya und setzten ihren Weg entlang der Pazifikküste fort. Über einen Gebirgspass bei Zapotitlan kamen sie dann ins kühlere Hochland und konnten endlich aufatmen – aber nicht für lange. Sie erreichten die Hochebenen der K'ichéstadt Xelajuj Noj. Die Anlage war von den Bewohnern verlassen worden und konnte von den Spaniern kampflos eingenommen werden. Doch die Krieger der mächtigen K'ichés, denen die Nachbarvölker tributpflichtig waren, hatten sich in der großen Ebene des heutigen Quezaltenango versammelt. Nach dem berühmten englischen Forschungsreisenden John Lloyd Stephens hatten 230 000 Krieger unter dem Banner des K'iché-Fürsten Tecún Umán auf der Ebene von Zacualpa gegen das Heer der Spanier Aufstellung genommen …

Es ist ein strahlender Tag im März 1524. Die Trockenzeit neigt sich dem Ende zu. Heute soll es zur Entscheidungsschlacht kommen. Auf der einen Seite versammeln sich die gefürchteten Krieger der K'iché-Maya. Sie tragen einfache Baumwolljacken, die mit Steinsalz gefüttert sind. Unterarme und Beine sind mit Leder umwickelt. Sie sind mit Wurfspießen, Bögen und Pfeilen sowie hölzernen Äxten mit Obsidianklingen bewaffnet. Die Adeligen tragen einen prachtvollen Kopfschmuck. Den verschiedenen Kampftrupps werden Standarten vorangetragen – Schilde mit Göttersymbolen auf langen Speeren, von denen Ara- und Quetzalfedern flattern. Auf der anderen Seite wartet das Heer der Konquistadoren und ihrer Verbündeten. Die meisten Spanier haben längst ihre lästigen Eisenrüstungen gegen die tauglicheren Baumwollpanzer der Maya ausgetauscht. Langsam nähern sich die K'ichés, trommeln mit ihren Keulen einen bedrohlichen Rhythmus auf ihren Schilden aus Tapirhäuten und lassen ihre Muschelhörner, Trompeten und Pfeifen ertönen. Mit einem lauten Gebrüll greifen sie an. Die Armeen stoßen aufeinander, das Gemetzel beginnt. Langsam färben sich die Bäche rot vom Blut. Plötzlich löst sich ein Krieger aus der Masse. Von seinem Kampfhelm flattern meterlange Quetzalfedern im Wind – Tecún Umán. Er läuft auf den verdutzten Alvarado zu, versetzt dessen Pferd einen tödlichen Schlag mit der Obsidianaxt und hackt dem Tier den Kopf ab in dem Glauben, Pferd und Mensch wären ein einziges zentaurenartiges Wesen. Aber das ist ein verhängnisvoller Irrtum: Das Tier bricht zusammen, Alvarado springt geschickt auf den Boden. Es kommt zum Kampf zwischen dem Führer der Spanier und dem letzten großen Mayaprinzen. Die Krieger und Soldaten haben mit dem Kämpfen aufgehört und verfolgen atemlos den Zweikampf. Doch gegen das Stahl des Schwertes hat die Obsidianwaffe keine Chance. Tecún Umán wird von Alvarados Klinge durchbohrt. Blutüber-

Kunst und Kultur der Maya ziehen junge Künstler an – wie hier in Palenque.

strömt sinkt er zu Boden. Einige Hunde, die die Spanier mitführen, wollen sich auf den Sterbenden stürzen. Alvarado vertreibt sie. Selbst er ist beeindruckt von diesem Mayafürsten – »so schön, so aufrecht und so voller Quetzalfedern«, wird er später schreiben. Plötzlich flattert ein Vogel über den Kampfplatz – ein grün schillernder Quetzal; das Nahual, das Way-Wesen, Schutztier des Prinzen, fliegt mit seinen typischen Auf- und Abbewegungen, die langen Schwanzfedern wie ein Banner hinter sich herschleppend, auf Tecún Umán zu und setzt sich auf dessen Brust, um das Herz des Sterbenden mit seinen Federn zu bedecken. Blut durchtränkt das Gefieder des Vogels, und als sich das Tier wieder in die Lüfte erhebt, leuchtet das Brustgefieder purpurrot. Mit dem göttlichen Vogel steigt die Seele des letzten Mayahelden gegen den Himmel.

So jedenfalls weiß es die Legende. Eine andere Variante, die von den Maya überliefert wird, enthüllt uns den Krieg aus der spirituellen Sichtweise der Indianer. Hinter der sichtbaren materiellen Ebene von Strategien, Waffenart und Heeresgröße existierte eine für den Ausgang einer Schlacht viel entscheidendere, für die Spanier unsichtbare Welt. So wird berichtet, dass Tecún Umán und seine Gefährten als Adler und Blitze auf die Spanier herunterstießen. Doch plötzlich erschienen »fußlose Vögel«, heilige Geister und ein schwebendes Mädchen, das als Jungfrau Maria gedeutet wurde, und entschieden die Schlacht für die Spanier. Heute erinnert der Name Quetzaltenango, Ort des Quetzals, an diese Schlacht. Der Quetzalvogel wurde zum Symbol der Freiheit des Landes; seit dem Jahr 1926 ist auch die Währung nach ihm benannt. Damit war die Schlacht also zu Ende, denn bei den Maya endete ein Kampf, wenn ihr Führer getötet wird.

Auch die folgenden Auseinandersetzungen gingen zu Gunsten der Spanier aus. Die K'iché-Maya luden den siegreichen Alvarado in die Stadt Utatlán, das heutige Santa Cruz del Quiché, ein. Die Stadt war von einer Schlucht umgeben und nur durch einen Dammweg erreichbar. Alvarado erkannte die Gefahr, verließ fluchtartig die Stadt und ließ die K'iché-fürsten wegen Hochverrats vor den Augen von 4000 Kaqchikeles, ihren größten Feinden, verbrennen.

Im April erreichte der Trupp schließlich Iximché, die Hauptstadt der mit ihm verbündeten Kaqchikeles. Alvarado errichtete dort sein Hauptlager und machte es zur ersten Hauptstadt von Guatemala.

Von dort aus konnten die Konquistadoren die Tzutuhiles am Atitlansee, die Pipiles im Küstentiefland und auch die Poqomames bei Mixco Viejo unterwerfen. Wieder waren die Kaqchikeles dabei. Noch einmal marschierte das Heer vorbei an Quezaltenango und eroberte die Hauptstadt der Mam: Zaculeu. Monatelang widerstanden die Mam unter der Führung von Caibil Balam – doch vergebens.

Zurück in Iximché forderte Alvarado von den Kaqchikeles Gold und Silber. Um der Forderung Nachdruck zu verleihen, schnitt er drei Häuptlingen die Ohren mit den wertvollen Ohrgehängen ab. Dass selbst altbewährter Schamanenzauber gegen die Eindringlinge machtlos war, musste ihr Mayapriester feststellen, als er versuchte, die Spanier mit Blitzen zu töten.

Nachdem Alvarado sich in nur zwei Jahren das gesamte Gebiet untertan gemacht hatte, reiste er zurück nach Spanien, um seine Rechte einzufordern. Er erhielt den Titel »Adelantado«, wurde zum »Gobernador y Capitán General de Goathemala« ernannt und mit dem Santiago-Orden ausgezeichnet. Er heiratete die Herzogstochter Doña Francisca de la Cueva. Doch bereits auf der Reise in ihre neue Heimat starb die edle Dame in Mexiko.

Alvarado kehrte allein zurück in seine nun prosperierende Stadt. Es entstanden Klöster, Schulen, ein Hospital und ein Regierungspalast. Doch Alvarado langweilte sich bald. Mit einem Expeditionsheer reiste er nach Equador, um seinem Gefährten Pizarro zuvorzukommen. Dem Angebot eines Unterhändlers Pizarros, 100 000 Goldpesos für das gesamte Heer, konnte er nicht widerstehen und gab sein Vorhaben auf. Zurück in Spanien heiratete er die Schwester seiner verstorbenen Frau, die 19-jährige Doña Beatriz.

In die Geschichte ging Pedro de Alvarado als besonders grausamer und rücksichtsloser Conquistador ein. »Seine äußerlich ritterliche und verherrlichte Gestalt barg die unritterliche Seele eines niedrig denkenden Mannes in sich, dessen Geistesflug nicht höher ging als nach Reichtum, Herrschaft und Weibern«, schrieb ein Zeitgenosse über ihn. Zweimal musste sich Alvarado in Spanien für sein grausames Vorgehen rechtfertigen. Sein schärfster Kritiker war der Mönch Bartolomé de las Casas, der mit Bibel und Kreuz seine »indianischen Kinder« für Spanien und das Christentum gewinnen wollte. Laut Bartolomé hätte Alvarado vier Millionen Indianer auf dem Gewissen – ein feiner Sonnengott!

▷ Blumen, Blut, Blasmusik

Regenzeit im Jahr 1541. Seit Tagen tobt der Sturm durch das Hochtal von Almolonga, und der Regen peitscht gegen die Mauern des Regierungspalastes. Die 22-jährige Doña Beatriz de la Cueva, Witwe von Pedro de Alvarado, ist untröstlich über den Verlust ihres Gatten. Der spanische Eroberer des Mayalandes Guatemala ist verunglückt, auf lächerliche Weise zu Grunde gegangen im fernen Mexiko. Ihn, der ungezählte Schlachten überlebt und im Kampf gegen die stärksten Gegner als Sieger hervorgegangen ist, hat ein Gaul erschlagen. Sein Sekretär, Baltasar de Montoya, ist mit seinem Pferd auf einem steilen Hügelpfad gestolpert und auf den unter ihm reitenden Alvarado gestürzt. Als der Eroberer in Guadalajara auf dem Sterbebett gefragt wird, wo es ihn am meisten schmerze, antwortet er: »In meiner Seele.«

Karfreitagsprozession in Antigua.

Aber nichts kann den Seelenschmerz seiner junge Witwe beschreiben. Sie lässt den Palast schwarz streichen, befiehlt, alles Gold aus der Kirche zu entfernen und wird beinahe wahnsinnig vor Trauer. Sie gibt sich den Beinamen »La Sin Fortuna« – die Unglückliche. Sie zieht sich in ihre Kammer zurück, weint und betet. Noch immer wütet der Orkan. Obwohl das Adobegebäude zu bröckeln beginnt, da und dort Wasser eindringt, bleibt sie in ihrem Zimmer. Was hat das Leben der jungen, schönen Frau noch zu bieten – fern der Heimat, ohne Kinder, ohne Gatten? Der Regen wird stärker und füllt den Krater des nahen Vulkans Agua mit Wasser. Da bricht die Kraterwand, und gewaltige Schlammmuren begraben die Hauptstadt samt ihren Bewohnern unter sich. Doña Beatriz flüchtet mit ihren getreuen Damen in die Kapelle. Das Kruzifix des Altares umklammernd, werden sie vom Schlamm erfasst. Als man die Unglückliche am nächsten Tag entdeckt, hält sie sich noch immer mit steifen Gliedern am Kreuzstamm fest …

Diese Katastrophe sei die Strafe für die gotteslästerliche Trauer gewesen, meinen die Indígenas. Die Stadt ist so zerstört, dass an einen Wiederaufbau nicht zu denken ist. Die Häuser, die nicht weggeschwemmt wurden, liegen unter dem meterhohen Schlamm begraben. Heute heißt das kleine Dorf, das an dieser Stelle entstanden ist, La Ciudad Vieja, die alte Hauptstadt. Die neue wird wenige Kilometer von der Un-

glücksstelle entfernt gegründet. Santiago de los Cabelleros de Guatemala ist zwei Jahrhunderte hindurch die schönste und mächtigste Stadt Mittelamerikas, ihr geistiges und kulturelles Zentrum. Sie liegt, umringt von drei Vulkanen, in einem lieblichen Hochtal. Über 50 Kirchen, Klöster und Konvente, gepflegte Bürgerhäuser und blühende Gartenanlagen prägen das Bild der Stadt. Doch die Idylle trügt. Immer wieder erschüttern Erdbeben das Tal, und im Jahr 1773 bringt das »ganz große« das endgültige Aus für Santiago. Wie schauerlich muss es gewesen sein, als plötzlich alle Kirchenglocken von selbst zu läuten begannen und die gewaltigen Steingebäude krachend in sich zusammenstürzten. Wieder wird die Hauptstadt verlegt – diesmal in ein noch weiter entferntes Tal. Glück für Antigua, die »Alte«, wie Santiago jetzt genannt wird. Denn während die neue Hauptstadt zu einer hässlichen Millionenstadt auswuchert, kann sich Antigua seinen lieblichen Charakter bewahren.

Vulkane über den Köpfen und bebende Erde unter den Füßen: Wen wundert es da, dass die Bewohner Antiguas die aus Spanien eingeführte Karfreitagsprozession besonders aufwändig und liebevoll gestalten? Denn auch in den Bräuchen lebt das spanische Erbe weiter. So sind die Prozessionen in der Semana Santa, der Karwoche, der

Höhepunkt des Jahres. Der Palmsonntag eröffnet mit einer Palmprozession das schaurig barocke Spektakel. Um die Mitte der Karwoche taucht plötzlich eine Figur auf, die scheinbar gar nichts mit dem christlichen Geschehen zu tun hat: Die unheimliche Gestalt des Maximón, eine seltsame Mischung aus Fetisch und Heiligem, der vor dunklen Mächten und bösen Einflüssen schützen soll, sitzt in einem Verschlag. Auf einem Tischchen liegen seine Lieblingsgaben – Geld, Schnaps und Zigarren. Ohne Maximón geht gar nichts, und so teilte man ihm einfach die Rolle von Judas Ischariot zu: Die katholischen Geistlichen waren zufrieden, dass der Böse eine böse Rolle bekommen hatte, und die Mayas waren zufrieden, dass sie ihren Maximón in das Geschehen hineinschmuggeln konnten. Da nehmen sie auch in Kauf, dass man die unglückliche Figur nach der Messe an einem Baum aufknüpft, um der Judasrolle gerecht zu werden.

Schon am Abend des Gründonnerstags beginnen die Familien mit der Anfertigung der Blumenteppiche aus Blüten und buntem Sägemehl, über die dann die Prozession schreiten wird. Ein Kunstwerk zur höheren Ehre Gottes. Am Karfreitag ist die ganze Stadt auf den Beinen; fast jeder beteiligt sich aktiv am Geschehen. Tausende kleiden sich in das violette Büßergewand und begleiten den Zug. Die größte Ehre jedoch ist es, eine der schweren Holzplattformen, die Andas, tragen zu dürfen, auf denen die Passion dargestellt wird. Die Szenen sind mit lebensgroßen Holzfiguren kunstvoll gestaltet und mit herrlichen Orchideen geschmückt. Das Martyrium wird in barocker Manier hyperrealistisch betont. So ist der Rücken des Gegeißelten zerfetzt, Ströme von Blut ergießen sich über den Körper. In dieser Darstellung konnte der leidende Indio auch sein eigenes Schicksal erkennen, und leider dauert der Kreuzweg der indianischen Bevölkerung bis in unsere Tage an.

Nach den römischen Soldaten, Pontius Pilatus und den Schächern nähert sich der Höhepunkt der Prozession: Etwa zwei Tonnen wiegt der Aufbau mit dem Christus samt Kreuz, und getragen wird er von 80 stöhnenden Männern, den Cucuruchos, die dabei allerhand Sünden abbüßen dürfen. Dutzende Weihrauchgefäße und Copalrauch schwenkende Büßer hüllen die Szenerie in dichte Wolken. Hinter der Plattform folgt eine Gruppe Blasmusikanten, die ergreifend falsch einen Trauermarsch spielt, zu dem das ganze Gebilde in einem seltsam wiegende Rhythmus wie ein vorsintflutliches Ungeheuer vorwärts schwankt. Zuletzt gleiten die Andas mit Maria, Maria Magdalena und Johannes durch die Rauchschwaden, getragen von verschleierten Señoras und Señoritas.

Trotz der südländischen Dramatik und der ungenierten Liebe zum Theatralischen fehlt aber auch hier nicht die heitere Seite. So deutet es keiner als Respektlosigkeit, dass den eigentlichen Abschluss der Prozession die Luftballon-, Zuckerwatte- und Eisverkäufer bilden, die ihre Ware lauthals und fröhlich anbieten: Freude und Trauer existieren eben nebeneinander in diesem Land der Gegensätze. Außerdem sind sich die Bewohner Antiguas einig, dass man das Trauern nicht übertreiben soll – wie das Schicksal der Doña Beatriz lehrt.

Am Karfreitag: Weihrauch und Copalrauch steigen in dichten Schwaden zum Himmel – je mehr, desto besser

Jedem Stadtteil seine eigene Prozession: In der semana santa beteiligen sich alle an dem religiösen Spektakel. Mitzumachen ist Ehrensache.

Friedliche Idylle: Antigua Guatemala, die ehemalige Hauptstadt, konnte ihren kolonialen Charme bewahren. Cafés, Plätze und Märkte laden zum Entspannen ein.

Antigua, die »Alte« – die ewig Junge: Für die Bewohner der nahen Hauptstadt Guatemala City ist sie ein beliebtes Ausflugsziel. Hinter den kolonialen Häuserfronten verbergen sich gemütliche Cafés, stimmungsvolle Restaurants, pulsierende Discos und exklusive Geschäftslokale.

Spanisches Erbe: Tonnenschwere Plattformen mit Szenen aus der Leidensgeschichte Jesu werden in der Karwoche durch die Stadt getragen. Die Prozessionen schreiten über bunte Teppiche aus Sägemehl und Blüten, hergestellt in tagelanger Mühe zur höheren Ehre Gottes.

Künstliche Landschaften aus Stein: Pyramiden stellen Berge dar, Steinstelen symbolisieren den Wald, der Platz ist das Meer, und Tore verkörpern Höhleneingänge. Die Zwillingspyramiden am großen Platz Tikals sind wohl die berühmtesten Bauwerke der klassischen Maya. Die neunstufige Pyramide I, die große Jaguarpyramide, beherbergt die Grabkammer des Herrschers Jasaw Chan K'awiil (682–734 n. Chr.)

Gegenüber erhebt sich die Pyramide II, die Pyramide der Masken; Grabmonument für Kalajuun Une' *Mo'*, die Gattin des Herrschers. Die Ehepartner ließen sich in den Türstürzen verewigen und schauen sich nun quer über den Platz hinweg an. Ein seltener Ausdruck von Liebe, ein Taj-Mahal der *Maya*.

San Augustin: Gespenstischer Zeuge einer großen Vergangenheit: Im Jahr 1773 zerstörte ein großes Erdbeben die blühende Hauptstadt Zentralamerikas, die schönste Stadt der Neuen Welt – Santiago de los Caballeros, das heutige Antigua.

Von der UNESCO wurde Antigua zum Weltkulturerbe erklärt. Früher war dies die Heimat von Nonnen und Mönchen, die in über 50 Klöstern und Kirchen die Missionierung des Landes vorantrieben. Heute ist die Stadt ein Touristentreffpunkt sowie ein Wohnort reicher Guatemalteken und US-Amerikaner.

»Wir werden siegen!«

Patzún ist ein kleines Dorf nahe des Atitlánsees. Die Indígena-Frauen tragen rote Huipiles mit bunten Blumenmustern und einen Großteil der Bürde des Alltags. 400 000 Kaqchikeles bilden hier die drittgrößte Volksgruppe in Guatemala nach den K'iches und den Mam. Einmal im Jahr zieht die Corpus Christi Prozession mit ihren Blumenteppichen und Toren aus Palmwedeln Besucher an. Den Rest des Jahres verirren sich nur selten Fremde in das Dorf.

▷ Kindheit in Patzún

Petrona stammt aus einer Familie mit neun Kindern. Sechs Geschwister starben entweder gleich bei der Geburt oder in den ersten Lebensjahren. Noch heute weist dieses Gebiet die höchste Kindersterblichkeitsrate auf. Die meisten Kleinkinder sterben an Durchfall, an Erkrankungen der Atemwege und an Unterernährung. Petrona wuchs gemeinsam mit ihrer zwei Jahre älteren Schwester Maria del Rosario und ihrem sechs Jahre älteren Bruder Pedro auf.

Die Kaqchikel-Maya Petrona Sihuan Acual stammt aus Patzún. Ihre Kindheit war geprägt von Ängsten – vor den Soldaten, vor Geistern und vor der Armut. Rechte Seite: Mais ist das wichtigste Grundnahrungsmittel der Maya.

»Ich wurde 1957 geboren. Mein Vater arbeitete jeden Tag auf unserer Milpa. Nur nach den Erntezeiten war er unterwegs, um auf den umliegenden Fincas seine Produkte zu verkaufen. Die Ernteerträge hatte er auf sein Pferd geladen, er selbst ging immer zu Fuß. Wir Maya sind es gewohnt, die meisten Lasten selbst zu tragen. Mit dem Mecapal, dem Stirnriemen, können wir auch sperrige und schwere Lasten transportieren. Pedro half schon früh auf den Feldern mit. Mutter war zu Hause, versorgte die Hühner, kochte und putzte.« Um etwas Geld verdienen zu können, webte sie Stoffe, Gürtel und Bänder und bestickte Huipiles mit den traditionellen Blumenmustern. Aber nur sehr selten konnte sie eine Bluse verkaufen. Damals waren nur wenige Touristen im Lande, es gab kaum Busse, mit denen sie zu den Märkten hätte fahren können, und die Nachbarn und Verwandten hatten auch kein Geld. Sie bezahlten mit Naturalien. Für eine Bluse bekam ihre Mutter ein Huhn und einen Hahn.

»Meine Schwester und ich mussten im Haushalt helfen, in Tonkrügen Wasser holen, putzen und waschen und natürlich Tortillas zubereiten. Wir kochten die getrockneten Maiskörner zusammen mit Kalk, bis sich die Hülsen lösten. Die gewaschenen Körner wurden auf einer Steinwanne, der Metate, mit einer Steinwalze zu einem weichen Brei zermahlen. Der Teig wurde dann von uns zwischen den Handflächen zu dünnen Fladen geklatscht, die auf einer mit Kalk bestäubten Tonplatte über der Feuerstelle gebacken wurden. Die Frijoles, eine Masse aus schwarzen Bohnen, wurden in Salzwasser gekocht. Tortillas und Frijoles sind für uns das, was für die Europäer Brot und Butter sind. Sie decken unseren Bedarf an Eiweiß und Mineralstoffen.

Schon früh lernten wir Mädchen das Weben und Besticken der Blusen. Obwohl unsere Eltern großen Wert darauf legten, dass wir die Schule besuchten, vernachlässigten sie nicht unsere Erziehung zu Hause. Sie lehrten uns die Feldarbeit und das Kunsthandwerk, die alten Traditionen und erzählten uns die alten Geschichten. Wir besuchten die Privatschule der Nonnen. Ich glaube, es waren Franziskanerinnen. Das Schulgeld betrug 50 Centavos im Monat. Eine Mittagsjause war in diesem Preis inbegriffen. Wir sollten einen Beruf erlernen, so wünschte es sich unser Vater. Er selbst litt sehr darunter, dass er nicht lesen und schreiben konnte. Man sei dann in dieser Welt hilflos und wie blind, sagte er. Ein Kaqchikel ohne Spanischkenntnisse ist wie ein Gefangener in seiner Welt. Wir verstehen ja nicht einmal die Nachbarsprachen wie K'iché oder Mam. Mein Bruder hatte sogar die Chance, eine Schlosserausbildung in Holland zu machen. Doch er hatte Angst vor diesem fremden Land und blieb zu Hause.

Angst prägte auch meine Kindheit – Angst vor den bösen Geistern, den Gespenstern und vor allem vor den Soldaten. Wenn wir Probleme hatten, beteten wir zu unseren Hausgöttern und Heiligen. Zweimal im Jahr, zur Erntezeit und zur Zeit der Aussaat, pilgerte die ganze Familie zum Maisgott Qatata Ixin, einem rauchgeschwärzten Stein auf einem Hügel. Wir brachten Kerzen, Orangen, Copalharz und Zucker mit. Später traten meine Eltern der katholischen Kirche bei, und dann besuchten wir den Stein nur mehr selten. Die letzten Jahrzehnte lag der Gott einsam und fast vergessen auf dem Hügel, aber seit ein paar Jahren kehren die Dorfbewohner zu ihm zurück, und heute besuchen ihn wieder viele hundert Indígenas.

In unserem Dorf lebten an die zehn Brujos, Dorfschamanen. Sie kamen bei Krankheit, bei seelischen Problemen oder wenn man von den Geistern verfolgt wurde. Noch heute gibt es etliche Brujos in Patzún. Ein großer Zeremonialplatz liegt abseits der Ruinenstadt Iximché, unserer ehemaligen Hauptstadt und der ersten Hauptstadt Guatemalas.

Einmal musste auch mein Vater den Brujo holen. Etliche Nächte hindurch zerrte etwas meinen schlafenden Vater zur Hüttentür. Wenn meine Mutter dann eine Kerze entzündete, war nichts mehr zu sehen, und mein Vater lag verwirrt am Boden. Es war kein Schlafwandeln. Es war etwas anderes. Der Brujo riet meinen Eltern, den Maximón von San Andrés Itzapa aufzusuchen. Eine menschengroße Puppe im Anzug, mit Stock und Zylinder sitzt auf einem Stuhl auf einer Art Altar. Zu Fuß wanderten die Eltern dorthin – mehrere Tage. Sie hatten die üblichen Geschenke – Schnaps, Zigarren und Geld mitgebracht. Dort vollzog ein anderer Brujo die Feuerzeremonie. Sie warfen die Opfergaben in das Feuer, das sich immer wieder zu einer rotierenden Flammensäule erhob. Sie sollten am Fuße der Figur auf dem Steinboden übernachten. Aber ja keine Kerzen anzünden, warnte sie der Brujo. Es war schon nach Mitternacht, als meine Mutter plötzlich eine Berührung an der Schulter spürte. Etwas versuchte, sie fortzuzerren. Hastig entzündete sie eine Kerze. Da ließ das Unbekannte von ihr ab, und sie sah, wie ein großes schwarzen Tier aus der Halle lief. Am nächsten Tag kehrten sie nach Hause zurück. Aber die seltsamen Ereignisse mit meinem Vater wurden nicht bes-

ser. Da beschloss er, sich einer Pilgergruppe nach Esquipulas anzuschließen. Beim Christo Negro erhoffte er sich Heilung. Nach zehn Tagen erreichten sie den Wallfahrtsort. Mein Vater kehrte geheilt zurück. Ich glaube, das war auch der Grund, warum die Eltern beschlossen, katholisch zu werden.

Aufgrund der Erfahrungen meiner Eltern mit Man Ximon (dies die indianische Schreibweise), habe ich diesen Heiligen der Indianer, wie ihn manche nennen, nie besucht. Aber auch andere Geschichten versetzten uns Kinder in Angst und Schrecken. Im Dorf gab es ja keine Beleuchtung. Da war es schon sehr unheimlich, wenn man zum Beispiel austreten musste. Meine Mutter erzählte uns, sie hätte einmal die Llorona gesehen; eine schwarz gekleidete Frau, die zu ihren Lebzeiten ihr Kind ertränkt hatte, und seither schreiend vor seelischem Schmerz durch die nächtlichen Dörfer irrt, auf der Suche nach ihrem Sohn Juan de la Cruz. Und Vater erzählte, er habe die Parquil gesehen. Die Parquil ist eine Pflanze, die des Nachts monströse Ausmaße annimmt und der lange schwarze Haare wachsen. Mein Vater spürte bei seinem Heimweg vom Feld plötzlich, wie sich Zweige um seinen Körper zu winden begannen. Er drehte sich um – und da sah er sie. Er nahm seine Machete und schlug wild um sich. Atemlos kam er im Dorf an. Als er mit ein paar mutigen Männern zum Schauplatz zurück kehrte, sahen sie nur die abgehackten Zweige am Boden liegen. Diese alten Geschichten machten mir so viel Angst, dass ich später beschloss, sie meinen Kindern nicht zu erzählen.

Am meisten aber fürchteten wir uns vor den Soldaten. Immer wieder marschierten sie durch unser Dorf und schnappten sich Männer, von denen sie glaubten, dass sie mit den Guerrilleros unter einer Decke steckten. Diese Dorfbewohner tauchten nie mehr zu Hause auf.

Im Nachbarweiler Chuinimachikaj trieben die Soldaten 40 Männer in das kleine Schulgebäude und zündeten es an. Darunter waren mein Onkel und drei seiner Söhne. Der vierte Sohn konnte entkommen. Die Soldaten brannten alle Hütten nieder; alle Vorräte, alle Tiere und vor allem die Menschen, die sich in ihren Hütten versteckt hatten, mussten verbrennen. Meine Tante konnte aus ihrer brennenden Hütte entfliehen. Sie versteckte sich in den Wäldern. Drei Jahre lang hörten wir nichts mehr von ihr. Wir glaubten, dass auch sie gestorben wäre. Da klopfte es eines Nachts plötzlich an unsere Hüttentür. Die Tante hatte sich endlich zurückgewagt. Sie war abgemagert bis auf die Knochen und wirkte sehr verwirrt. Sie hatte sich all die Jahre nur von dem ernährt, was sie in der Natur gefunden hatte, und sie schlief mit den Tieren in deren Höhlen. Auch der vierte Sohn kehrte eines Tages zurück. Er hatte sich sieben Jahre lang versteckt gehalten.

Eines Morgens fuhr ich mit meiner Freundin auf einem Pick-Up in die Stadt. Schon bald nach dem Dorf wurden wir von einer Patrouille aufgehalten. Wir mussten aussteigen und uns flach in den Straßengraben legen. Ich hatte solche Todesangst, dass sich meine Seele schon von meinem Körper löste und ich die Szenerie von oben sah. Zwei Männer wurden herausgeholt, geschlagen und mit Fußtritten traktiert. Dann wurden sie in das Militärfahrzeug gestoßen. Wir hörten nie wieder von ihnen.

Als ich zwölf Jahre alt war, starben beide Eltern innerhalb eines Jahres an einer Infektionskrankheit. Das war eigentlich das Ende meiner Kindheit. Doch ich hatte immer wieder Glück und fand Menschen, die mir weiterhalfen. Die Franziskanerinnen von Sololá nahmen mich in ihrem Internat auf. Dort blieb ich zwei Jahre. Ich konnte dort die Schule besuchen; nebenbei musste ich aber mithelfen, denn ich konnte ja kein Schulgeld bezahlen. Dann wurde ich Novizin. Zwei Jahre lang überlegte ich, ob der geistliche Weg der richtige für mich sei. Doch ich war noch so jung und wollte noch mehr von der Welt sehen. So verließ ich die Nonnen wieder und kehrte nach Patzún zurück. Später fand ich dann in der Stadt eine Stelle als Dienstmädchen, als Muchacha, wie man uns meist verächtlich nannte. Viele meiner Freundinnen wurden von den Patrones geschlagen, aber ich hatte wieder Glück. Meine Dienstherren waren verständnisvoll und ermöglichten mir den Abschluss der Schulausbildung. Ich absolvierte sogar die Ausbildung zur Hilfskrankenschwester. Trotzdem kehre ich immer wieder gerne nach Patzún zu meinen Geschwistern zurück.

Neben den vielen dunklen Erlebnissen hatte meine Kindheit auch schöne Seiten. Wir hatten im Dorf viele Freiheiten, und in meiner Freizeit tobte ich mit den anderen Kindern durch das Dorf. Im Juni gestaltete ich mit anderen Kindern Blumenteppiche für die große Fronleichnamsprozession. Meine Eltern hatten viel Zeit für uns. Wir führten lange Gespräche, und wenn ich mit meiner Mutter beim Besticken der Huipiles saß, erzählte sie uns Kindern Geschichten von früher. Damals merkte ich gar nicht, wie arm wir waren, denn auf eine bestimmte Art waren wir viel reicher als die Kinder der wohlhabenden Ladino-Familien in der Hauptstadt. Wir waren eingebettet in die Geborgenheit einer Großfamilie, wir hatten gütige Eltern, und wir verfügten über den reichen Traditionsschatz der Kaqchikeles«.

▷ Der Tod trägt bunt in Guatemala

Die warme Sonne löst die letzten Nebelfetzen auf, ein tiefblauer Himmel wölbt sich über die Cuchumatanes – ein Gebirge nahe der Grenze zu Mexiko, aber scheinbar am Ende der Welt. In den Achtzigerjahren des 20. Jahrhunderts tobten hier erbitterte Kämpfe zwischen den indianischen Guerilleros und den berüchtigten Todesschwadronen des Militärs. Felder und Häuser wurden in Schutt und Asche gelegt. Männer, Frauen und Kinder, die unter Verdacht standen, mit den Widerstandskämpfern zu paktieren, starben, eingesperrt in der Dorfkirche, einen qualvollen Tod in den Flammen.

Heute: Friedliche Dörfer im gleißenden Morgenlicht, spielende Kinder vor den Hütten. Die Vergangenheit scheint ein unwirklicher Alptraum. Aber die Idylle trügt. Der Friede ist nur ein oberflächlicher und kann bei jeder Gelegenheit zerstört werden. So wie es in dem Bergdorf Todos Santos geschehen ist: Ein Japaner, Mitglied einer Reisegruppe, wurde erstochen und der Buschauffeur von einer aufgebrachten Indianermenge gesteinigt. Der Tourist hatte ein weinendes Kind auf den Arm genommen, um es zu trösten. Die Indígenas, durch Gerüchte um schwarzmagische Praktiken, bei denen Kinder geopfert würden, beunruhigt, richteten ein Blutbad an – eine Massenhysterie in panischer Furcht, für deren Folgen sich die Dorfbevölkerung heute schämt.

Ein Einzelfall? In dieser Form sicher, aber Lynchjustiz steht an der Tagesordnung, und von der korrumpierten Exekutive fühlt man sich oft im Stich gelassen.

Die Maya bekennen sich zu ihrer Tradition, interessieren sich für ihre Vergangenheit und für das kulturelle Erbe.

NEW YORK

Die Hütten der Maya unterscheiden sich kaum von den Behausungen ihrer Vorfahren. Die Wände sind aus Holz oder Adobe, die Dächer aus Stroh oder Palmenblättern.

Von all dem merke ich nichts, als ich mit meiner Familie in einem alten VW-Bus die steile Bergstraße hinanrumple. Noch sitzt den Indígenas die Nachtkälte in den Gliedern. Frühmorgens machen sie sich von ihren Bergdörfchen auf, um nach Todos Santos Cuchumatán zu gehen. Es ist der 1. November, und es wird nicht nur der Toten gedacht, sondern auch das Patrozinium des Dorfes gefeiert, denn Todos Santos heißt »alle Heiligen«.

Bald wimmelt es in den Gässchen von fiestafreudigen Indígenas: Ein farbenfrohes Bild, denn in diesen Bergen trägt man besonders kunstvolle und aufwändig gestickte Trachten. Die Frauen sind mit ihren handgewebten rot-violetten Huipiles (Blusen) bekleidet, die Männer mit den rot-weiß gestreiften Hosen und Jacken mit fantasievoll bestickten Krägen. Frauen wie Männer tragen verwegene Strohhüte mit bunten Hutbändern.

Das Fest der Toten dauert schon eine Woche. Es ist die Zeit, in der die Grenzen aufgehoben sind, in der der Vorhang zur Anderswelt ein wenig gelüftet wird. Auf den Hügeln rund um das Dorf werden von den Schamanen Zeremonien abgehalten, bei denen der Todesgott Qeme im Mittelpunkt steht. In der klassischen Mayazeit wurde der Todesgott meist als groteskes Skelett mit aufgeblähtem Bauch dargestellt, tanzend und grinsend, nicht sehr bedrohlich, eher wie eine Pappmachéfigur aus einer Geisterbahn. Auch in der jetzigen Vorstellung der Schamanen ist Kimi Qeme zwar ein Wesen der Dunkelheit; die Dunkelheit wird aber bewusst als Teil eines Ganzen gesehen. Dort wo Licht ist, gibt es Schatten, und bei jeder Zeremonie werden auch die Wesen des Schattenreiches, symbolisiert durch die schwarze West-Kerze, miteingeschlossen.

Das ganze Dorf ist mit Vorbereitungen beschäftigt. Von Totonicapán werden die kostbaren Kostüme für die Eroberungstänze geliehen. Ein Jahrmarkt wird aufgebaut. Karussells, manche noch mit der Hand betrieben, versetzen Kinder und Erwachsene in Entzücken. Unter Zeltplanen gibt es seit ein paar Jahren nun auch Computerspiele. Natürlich haben die Indígenas, auch die alten aus den entlegenen Dörfern, keine Probleme, damit umzugehen. Sie sind es ja gewohnt, von einem Level in den nächsten zu wechseln …

Eine große Zuschauermenge hat sich am Kirchenvorplatz versammelt. Dort werden die Bailes de la Conquista, die Tänze der Eroberung, aufgeführt. Dabei wird die Unterwerfung der Mayas durch den Spanier Alvarado nachgespielt. Die tanzenden Conquistadores sind in glitzernde Gewänder im Stil europäischer Edelmänner gekleidet und tragen kunstvoll geschnitzte Masken, rosa bemalt und mit langen Goldlocken geschmückt, der grausame Alvarado war doch besonders stolz auf seine Haarpracht, der er den Beinamen Tonatiu (Sonnengott) verdankte.

Aber es tanzt auch die Gestalt des Jaguars. Er ist der große Gegenspieler und die Symbolfigur für das Überleben der indige-

nen Kultur. Zugleich ist er Nahual, ein Totemtier oder – wie es bei den Maya genannt wurde – Way-Wesen. Der Way, benannt nach der Way-Glyphe, ist ein Schutzgeist des Menschen. Er kann auch die Gestalt eines Tieres annehmen. Das beliebteste Way-Tier war natürlich der mächtige Jaguar. Aber es konnte auch ein Hirsch, ein Affe oder gar ein Insekt sein. Das Schicksal des Menschen und das des Way-Tieres sind aufs Engste verknüpft. So erzählt eine von vielen Varianten des Kampfes zwischen dem spanischen Conquistador Alvarado und dem letzten K'ichehäuptling Tecún Umán, dass Alvarado einen Quetzal, der über dem Gegner flatterte, getötet hätte, worauf der stolze Indianerfürst tödlich getroffen zu Boden sank.

Etwas außerhalb des Dorfes findet das Hauptereignis des Allerheiligenfestes statt – die Reiterspiele. Auf einer Strecke von etwa 500 Metern reiten an die 30 aufgeputzte Männer hin und her und wieder hin und wieder her. Es gibt keinen eigentlichen Sieger. Es geht nur darum, sich trotz des gewaltigen Alkoholkonsums – immer wieder wird ein Gläschen »licor Quetzal« geleert – möglichst lange auf dem Pferd zu halten. Stundenlang jagen die Reiter lallend und schwankend ihre Pferde in die Erschöpfung. Die Männer geraten dabei in einen Trancezustand. Alkohol und monotone Rhythmen sind ja in vielen Kulturen Mittel, um mit einer anderen Dimension Kontakt aufzunehmen.

Plötzlich bricht ein Pferd vor Erschöpfung tot zusammen. Es bildet sich sofort ein aufgeregter Zuschauerkreis, aber das Reiterspiel geht weiter. Oft gibt es auch unter den Reitern Tote. Man erzählt mir sogar, das Fest bringe nur dann Glück und Segen, wenn es einen Toten gegeben habe. Hier scheint der alte Opferglaube der Vorväter noch lebendig zu sein.

Inzwischen hat sich auch der Rest der Dorfbevölkerung in einen Schnapsrausch gestürzt. Links und rechts der Straße sinken die Feiernden besinnungslos zu Boden. Dies geschieht in aller Stille, fast möchte man sagen würdevoll. Ob die selig Schlummernden nun Kontakt zu den Verstorbenen haben? Sicher ist nur, dass sie sich am nächsten Tag wünschen werden, nicht unter den Lebenden zu sein.

Nicht weit entfernt von der Millionenstadt Guatemala City liegt das verschlafene Dörfchen Santiago Sacatepéquez. Auch hier wird der Toten eher fröhlich gedacht. Da der Friedhof am Rande einer Schlucht liegt, strömen am Nachmittag kräftige Winde über die Gräber. Mit ihnen steigen vieleckige Riesendrachen (Bariletes) hinauf zum Himmel, zur Wohnstätte der Verstorbenen – ein bunter Gruß der Hinterbliebenen. Die Drachenschnur, die von einer Welt zur nächsten gespannt wird, ist Symbol für die Zuneigung, durch die man mit den Verstorbenen verbunden bleibt.

Monatelang werden die aufwändigen Muster und Motive entworfen. Aus Bambusstangen wird ein Gerüst gebastelt, das dann mit buntem Seidenpapier bespannt wird. Mehrere Männer sind notwendig, um die gewaltigen Bariletes zum Friedhof zu tragen. Die Drachenschnur ist dick und stark, und man kann sich kaum vorstellen, wie diese schweren Ungetüme in die Lüfte steigen werden. Tatsächlich trudeln sie auch immer wieder ab und stürzen krachend in die Menge, wo man schreiend und lachend zur Seite springt. Es gibt sogar Verletzte – das gehört wohl dazu.

Die Ladinos beobachten interessiert das Brauchtum der Indianer, während sie, am Grab sitzend, das mitgebrachte Essen verzehren wie bei einem Picknick. Dies ist bei weitem keine Respektlosigkeit, sondern die lateinamerikanische Art, die Verstorbenen am Familienmahl teilnehmen zu lassen. Hinzu kommt wohl auch ein Überrest der präkolumbianischen Vorstellung, die Toten für ihren Gang in die Unterwelt mit Nahrung versorgen zu müssen. Diego de Landa (1524–1579), Bischof von Yukatán, berichtete: »Man füllte den Mund der Toten mit Mais und mit einigen dieser Steine, die sie zum Bezahlen benutzen, damit ihnen im Jenseits das Essen nicht ausgehe.«

Bunte Seidendrachen (bariletes) als Gruß an die Verstorbenen.

Heute speist man zu Cola-Rum, das in Guatemala augenzwinkernd »Cuba Libre« (freies Kuba) genannt wird, das »Fiambre«, ein für europäischen Geschmack ungenießbares Gemisch aus Fisch-, Fleisch-, und Gemüsestückchen, entstanden aus der Tradition, das von den verschiedenen Familienmitgliedern mitgebrachte Essen in einen Topf zu geben und aus den Köstlichkeiten ein Gesamtgericht zu kreieren.

Inzwischen sind die Aufwinde stärker geworden. Ein Drache nach dem anderen schwingt sich in die Höhe, bis nur mehr ein Punkt zu sehen ist: die Botschaft eines lebenslustigen Volkes, für das der Tod die andere Seite des Lebens ist und kein Grund für übertriebene Trauer.

Das Leben der Indígenas dreht sich in einer Spirale. Wie die Plattennadel sich langsam, aber stetig auf das Zentrum zu bewegt, so birgt bei den Maya die Geburt viel deutlicher den Tod in sich als bei uns. Dazwischen liegen die ebenmäßigen Kreise des Alterns, geprägt durch Aussaat und Ernte, Kirchenjahr und Mayakalender.

Während bei uns westlichen Menschen das Leben eine lange, von uns fortstrebende Gerade zu sein scheint, die sich in Abschnitte und Termine unterteilt und an einem ungewissen Horizont verläuft, erlebt der Maya das Leben und die Geschichte in Zyklen. Basierend auf der Feldarbeit, die von Säen und Ernten bestimmt wird, fühlt er sich eingespannt in diesen Rhythmus von Geburt und Sterben. Und wie der Maisgott starb, um die Menschen zu schaffen, wird bei der Ernte der Mais auch geknickt, um die Menschen gut zu ernähren.

Da für die Maya Zeit nicht gesichtslos ist, sondern jeder Tag von einem anderen Gott geprägt wird, war es immer schon wichtig, das Datum genau bestimmen zu können. Die Angabe eines bestimmtem Tages ergab sich aus der Verzahnung von Haab- und Tzolk'in-Kalender. Der Haab-Kalender entspricht dem Sonnenjahr. Er teilt die 365 Tage in 18 Monate zu je 20 Tagen und einen kurzen Monat zu 5 Tagen. Jeder Tag hat einen Namen und eine eigene Glyphe. Kombiniert wird er mit dem Tageszeichen des Tzolk'in, der 260 Tage umfasst. Diese täglich neue Kombination wiederholt sich erst nach 52 Jahren. Das Ende einer solchen Kalenderrunde wurde oft mit der Überbauung von Pyramiden durch neue, größere gefeiert.

Zusätzlich gibt es eine Zeiteinteilung größeren Maßstabs, die »lange Zählung«. Sie basiert auf immer umfangreicher werdenden Zwanziger-Einheiten von Tuns zu je 360 Tagen und geht bis zur Größe 205 = 3 200 000 Tuns. Mit Hilfe der langen Zählung kann man den Tag der Weltschöpfung fixieren, aber auch den des Weltendes.

Dem zyklischen Denken der Maya entsprechend folgt dem Weltuntergang eine neue Schöpfung. Das Ende der vierten Welt fällt auf den 21. Dezember 2012. Die neue, die fünfte Welt wird ein Zeitalter werden, in dem die Maya zu ihrer alten Größe zurückkehren werden. Es wird ein Zeitalter der indigenen Völker sein. Diese Hoffnung prägt auch den ethnischen Aufbruch unserer Tage.

▷ Ein Volk wird gekreuzigt

Der Abendwind hatte eingesetzt und trieb Staubfahnen über das ausgedörrte Land. Dezember 1982, Trockenzeit. Die Männer waren gerade von ihren Feldern zurückgekommen. Mit kleinen Plastikwannen hatten sie den ganzen Tag die Maispflanzen bewässert. Statt auszuruhen, mussten sie die veralteten Gewehre umhängen und sich an den Ortseingängen auf ihre Posten begeben, um als paramilitärische Guardia Civil das Dorf zu verteidigen, wie es die Soldaten befohlen hatten. Gegen wen? Gegen die Guerrilleros , sagten die Soldaten. Gegen die Brüder, gegen die Freunde, gegen die Nachbarn, sagten die Bauern. »Ihr müsst eure Interessen schützen«, meinten die Soldaten. »Wohl eher die Interessen der Reichen und Mächtigen«, flüsterten die Männer. Manche Indígenas flüsterten nicht leise genug …

Abendlicht strahlte zur Hüttentür herein, als die Männer den Zeitplan besprachen. Plötzlich fiel ein Schatten in den Raum. Polternd betrat der Offizier die kleine Hütte. »Wir haben es satt, dass man uns Soldaten als Mörder bezeichnet«, schrie er verächtlich und händigte den hilflosen Mitgliedern der Guardia Civil eine Liste aus. Die Namen: Lucas, Justo, Angel, Domingo und Juan – alles Bekannte und Freunde, Katecheten von Quiché. »Wenn die fünf morgen nicht tot sind, werden wir das ganze Dorf dem Erdboden gleich machen.«

Verzweifelt trafen sich die Dorfmitglieder in der Kapelle. Auf dem Boden waren schon die Piniennadeln für die bevorstehenden Weihnachtsfeierlichkeiten gestreut und verbreiteten Waldduft. Alles schien wie immer. Die Verurteilten und die Mitglieder der Zivilstreife, Nachbarn und Freunde, allesamt Mitglieder der Acción Católica, hatten sich zur Beratung eingefunden. Aber was gab es schon viel zu beraten? Für eine Eingabe bei den Behörden war es zu spät. Flucht und Befehlsverweigerung hätten dieselbe furchtbare Konsequenz zur Folge gehabt. Schließlich meinte Domingo mit leiser Stimme: »Es ist besser, wir sterben, als dass sie die ganze Gemeinde töten.«

Man blieb in der Kapelle, betete, las in der Bibel, sprach miteinander, weinte und hoffte auf ein Wunder. Aber es geschah kein Wunder. Kurz vor Sonnenaufgang gingen die fünf Verurteilten zum Friedhof. Die verwitterten Plastikblumen und zer-

fetzten Papiergirlanden vor den Kreuzen schimmerten hell im trockenen Gras. Es war kalt. Die Vögel hatten ihr Konzert noch nicht begonnen; auch die Hähne und Hunde des Dorfes schwiegen noch, als die Gewehrschüsse die Stille zerrissen und alles veränderten – nichts würde je so sein wie zuvor.

Genau so ist es in Tabil in Santa Cruz del Quiché tatsächlich passiert und in einem Brief an Papst Johannes Paul II. anlässlich seines Staatsbesuches berichtet worden. Dass die Soldaten ihre Drohungen wahr machten, beweisen ungezählte Massaker, bei denen die Dorfbewohner meist in Kirchen getrieben wurden, die man dann anzündete. Das seien »Scheiterhaufen, auf denen den Götzen des Todes – Ideologie des Privateigentums, Sicherung der Kapitalinteressen und nationale Sicherheit – Menschenopfer dargebracht werden«, meinte Erzbischof Romero dazu. Die Menschenrechtskommission von Guatemala gibt an, dass allein während der Amtszeit von General Ríos Montt Anfang der Achtzigerjahre 246 Massaker mit über 10 000 Toten verübt wurden. Bis zum Beginn der Friedensgespräche wurden mehr als 150 000 Menschen getötet, oder sie verschwanden, ohne dass ihr Schicksal geklärt werden konnte. Eine große Flüchtlingswelle setzte ein, als Dörfer bombardiert wurden.

Die Kirche stand nicht immer auf Seiten der Armen. Noch in den Fünfzigerjahren trug sie unter dem damaligen Erzbischof Mariano Rossel y Arellano dazu bei, im Rahmen der von den USA initiierten Antikommunismuskampagne die fortschrittliche Regierung unter Präsident Jácobo Arbenz zu stürzen. Es wurden Priester und Ordensleute aus Europa und den USA ins Land geholt, um dem Gespenst des Kommunismus entgegenwirken zu können. Doch diese Maßnahme ging nach hinten los. Die Missionare, die völlig unvorbereitet in die kleinen Indianerdörfer versetzt wurden, waren entsetzt über die Zustände – über die Armut, die Ungerechtigkeiten und die Verfolgung. Die Geistlichen solidarisierten sich mit den Maya und kamen dadurch zwangsweise mit dem Militär in Konflikt. Im Jahr 1968 stellten sich die Teilnehmer der Zweiten Gesamtlateinamerikanischen Bischofskonferenz in Medellín (Kolumbien) auf die Seite der Armen: »Es erhebt sich ein stummer Schrei von Millionen von Menschen, die von ihren Hirten Befreiung erbitten, die ihnen von keiner Seite gewährt wird«, formulierten die Bischöfe.

Aus einer Kirche für die Oberschicht wurde eine Kirche der Armen, die auch vor Forderungen nach Landreformen nicht mehr zurückscheute.

Geistliche wie Gustavo Gutiérrez aus Peru, Don Helder Camara aus Recife und Erzbischof Oscar Romero aus San Salvador schufen eine eigene »Theologie der Befreiung«. Auch in Guatemala mehrten sich nun die kritischen Stellungnahmen der Bischöfe. Die Antwort des Militärs: Massaker und Verfolgung allzu engagierter Priester, Ordensleute und Katecheten. Im Jahr 1974 verurteilte die offizielle Kirche Guatemalas im Manifest »Vereint in Hoffnung« die bestehende Machtverteilung und die Vorgehensweise der Regierung. Eine Christenverfolgung war das Resultat. Viele Geistliche, unter ihnen der Bischof von Quiché, Juan Gerardi, flüchteten ins Exil nach Mexiko und gründeten dort die »Guatemaltekische Kirche im Exil«, die sich der Flüchtlinge annahm und sich um Menschenrechtsfragen kümmerte.

Aber auch innerkirchlich tat sich eine Kluft auf. Papst Johannes Paul II., der als polnischer Geistlicher die Repressalien kommunistischer Diktaturen erleben musste, konnte sich mit einer Theologie, die sich an marxistisches Gedankengut anlehnte, nicht anfreunden. Auch die US-Außenpolitik sah in den christlichen Basisbewegungen eine Gefahr für ihre Interessen. In dem mit den USA verbündeten San Salvador kursierte die Aufforderung: »Diene deinem Vaterland, töte einen Priester!«

Tatsächlich wurde Bischof Romero während einer Predigt von der Kanzel geschossen.

Im Jahr 1988 sorgte der Erzbischof Prospero Penados del Barrio mit seinem Hirtenbrief »Schrei nach Land« für Aufregung. Doch auch nach dem Friedensvertrag von 1996 litt die Kirche unter Repressalien. Der aus Mexiko zurückgekehrte Weihbischof Juan Gerardi wurde vor seinem Haus brutal ermordet. Er hatte angekündigt, Beweismaterial aus der Zeit des Bürgerkriegs vorzulegen, das die Armee für 80 Prozent der Menschenrechtsverletzungen verantwortlich gemacht hätte. Die Aufklärung des Mordes entartete in eine Farce – zuerst wurden Mitgeistliche der Tat beschuldigt und schließlich der Hund des Bischofs. Erschütternd war, dass die meisten Medien dieses Spiel mitspielten und die Person Gerardi posthum in den Schmutz zerrten.

Trotz des sozialen Engagements der katholischen Kirche schwanden die Mitgliederzahlen erdrutschartig. Viele Indígenas kehrten zu ihrer alten Religion zurück. Sie sahen sie als Teil ihrer Kultur und ihrer alten, neuen Identität. Die ehemaligen Zeremonialplätze wurden wiederbelebt, Schamanen fanden regen Zulauf. Die weitaus größere Zahl der indigenen Bevölkerung wechselte jedoch zu den Evangélicos,

wie die freikirchlichen Gruppen in Guatemala genannt werden. Zwar ist der Zenit der Übertrittswelle bereits überschritten – offenbar wird das soziale Engagement der katholischen Kirche langsam honoriert –, aber noch immer prägen evangelikale Gruppen das Bild vieler Dörfer, besonders in den Cuchumatanes und rund um den Atitlánsee. Die Kirchen werden von den USA gesponsert und sind nach amerikanischem Muster organisiert. Es wird gegen Alkohol, Ehebruch und Gewalt gepredigt. Alles, was mit der alten Mayareligion zu tun hat, ist des Teufels. Der Besuch der alten Ritualplätze gilt als Götzendienst, die Mayapriester werden als Hexer verdammt. Der Weg, den die katholische Kirche in späteren Jahrhunderten eingeschlagen hatte, nämlich ein Nebeneinander der Religionen, eine Überlagerung von Mayasymbolen mit christlichen Inhalten zu tolerieren, scheint nicht mehr attraktiv zu sein. Ganze Dorfgemeinschaften treten den Evangélicos bei. In kleinen Siedlungen gibt es bis zu zehn verschiedene Tempel, und am späten Nachmittag, wenn die Indígenas von den Feldern zurückgekehrt sind, beginnen die Prediger aus blechernen Lautsprechern um die Seelen zu wetteifern. Von jedem Hügel, aus Hütten und Radios ertönen die Schreitiraden der fundamentalistischen Eiferer.

Wie prekär die Situation von katholischer Kirche und Evangélicos in Guatemala ist, sieht man am besten am Brüderpaar Ríos Montt. Während Efraín Rios Montt, berüchtigter Putschgeneral und verantwortlich für viele Massaker in den Achtzigerjahren, begeisterter Prediger der evangelikalen Gruppe »El Verbo« ist, übernahm Bischof Mario Ríos Montt sogar die

Bauernland: Der größte Teil der Bevölkerung lebt und arbeitet auf dem Land.

Koordination des erzbischöflichen Menschenrechtsbüros. Wahrhaft shakespearsche Familienverhältnisse. Aber ob es uns Europäern nun passt oder nicht – den Evangélicos gelang in wenigen Jahren das, was den großen Kirchen in 500 Jahren nicht gelungen ist oder nicht gelingen wollte – eine völlige Abkehr der Maya von alten Religionsresten und eine Hinwendung zu einem ernst gemeinten Christentum. Und das ausgerechnet jetzt, wo wir Westmenschen die alte Mayatradition, den Wetterzauber und die Schamanenreisen für uns wiederentdeckt haben …

Eine gewisse Überheblichkeit spricht aus den europäischen Analysen, die der indigenen Bevölkerung absprechen, größere Zusammenhänge zu erkennen. So bedeutet für die Indígenas der Besuch ihrer Gottesdienste nicht automatisch Rückzug vom politischen Denken. Auch können die Maya sehr wohl unterscheiden, ob sie nun alte Mayagötter auf einem Hügel oder einen christlichen Heiligen in der Kirche anbeten, ob sie eine Maisgöttin oder die Jungfrau Maria von Guadalupe verehren. Europäische Besserwisserei gewisser Kreise erinnert stark an das koloniale Denkmuster – »wir wissen, wo es lang geht, und die Indianer tun gut daran, uns zu folgen«. Allerdings haben die importierten Erfolgsrezepte von Missionierung bis Marxismus allesamt in Sackgassen geführt. Die Maya scheinen jetzt endlich ihren eigenen Weg zu suchen, tasten sich den gewundenen Pfad von der Kosmovision ihrer eigenen Religion bis zur Bibeltreue christlicher Pfingstbewegungen, von politischem Engagement bis zu spirituellem Rückzug voran und entpuppen sich als ein Volk, das sich standhaft weigert, den aufgeklärten Materialismus unserer Zeit mitzudenken,

dem die Verbindung mit dem Jenseitigen wichtiger ist als ein neuer Internetanschluss, und dem der Kontakt zu ihren Ahnen mehr bedeutet als ein rauschfreier Handyempfang. Das einzige, was wir diesmal tun sollten: diesen neuen Weg gespannt, aber respektvoll beobachten.

▷ Die Rückkehr der gefiederten Schlange

Die Luft schmeckt rauchig. Die Sonne schimmert kraftlos als rote Scheibe am trüben Himmel. Der Urwald im Norden Guatemalas brennt. Schon seit Wochen ist das Feuer nicht einzudämmen, nicht mit den spärlichen Mitteln, die die Regierung zur Verfügung stellt: Zwei Insektenschutzflugzeuge versprühen Wasser, das in der Luft verdampft. Die Gruppe von bunt gekleideten Mayapriestern steht am Fuß der Mondpyramide der archäologischen Stätte Tikal und spricht Gebete. Zusammen mit Schwaden süßen Copalrauches sollen sie zum Himmel steigen und den ersehnten Regen herbeiflehen. Nicht etwa ein Haufen Verrückter ist es, der hier versucht, die Naturkräfte zu beeinflussen, sondern es sind die angesehensten Mayapriester des Landes – und sie machen das im Auftrag einer Regierung, die jahrzehntelang alles verfolgte, was mit der indigenen Kultur zu tun hatte; die die Mayapriester töten ließ, wenn sie ihr altes Wissen praktizierten. Jetzt hat sich die staatliche Umweltschutzorganisation CONAP auf dieses Experiment eingelassen. Denn was haben die Entscheidungsträger schon zu verlieren? Kommt Regen, würden sie als Bereiter eines neuen Weges gefeiert werden, bleibt er aus, würden die Mayapriester den Spott ernten.

Der Österreicher Norbert Muigg, Mayapriester und vom indianischen Weisenrat zum Brückenbauer zwischen den Kulturen ernannt, wurde von der Regierung mit der Organisation dieser historischen Mission beauftragt, inmitten der Trockenzeit Regen gegen die Urwaldbrände zu »machen«. Per Flugzeug geht es nach Tikal. An Bord Norbert Muigg und sieben Schamanen, allen voran der Präsident des Spirituellen Weisenrates der Maya, Meister Alejandro Cirilo Pérez Oxlaj von den K'ichés und Don Julián, Regenmacher aus Palín von den Poqomames. Immer wieder überfliegen sie qualmende Aschewüsten, flammende Brandinseln, rot beleuchtete Rauchschwaden. Sie haben eine Sondererlaubnis zum Landen. Im ersten Morgengrauen fährt die Gruppe in die Ruinenstadt Tikal. Die zwei Mayagruppen können sich nicht auf eine gemeinsame Zeremonie einigen. Don Cirilo besteigt mit den K'ichés die Sonnenpyramide, Don Julián wendet sich der Mondpyramide zu.

Lassen wir Norbert Muigg selbst weitererzählen: »Wir gruben am Fuß der Mondpyramide eine kleine Grube. Dort hinein legten wir Brot, Kuchen und andere Lebensmittel. Rote, weiße, gelbe und schwarze Kerzen wurden in gerader Stückzahl aufgestellt. Die weißen Kerzen im Norden stellen die Wesensheiten der Lüfte dar. Die gelben stehen im Süden für das Wasser und den Regen. Die roten Kerzen repräsentieren den Osten, wo die Sonne aufgeht. Von dort kommt das Feuer. Die schwarzen Kerzen des Westens symbolisieren die hereinbrechende Nacht und die Erde.

Don Julián begann mit der Zeremonie. Am Boden kniend verbanden wir uns mit den Kräften der heiligen Altäre des Landes, mit der Kraft der Vulkane, mit den Kräften der Hüter der heiligen Mayastadt Tikal, mit christlichen Heiligen und Erzengeln. Es wurden die Kräfte der Gewässer, der Lüfte, der heiligen Nebel gerufen. Die Kräfte des Wassers sammelten sich, wurden von den Kräften der heiligen Nebel aufgenommen und stiegen empor, von den Kräften der Lüfte unterstützt. Don Julián wurde von einem Weinkrampf geschüttelt, als die Energie in seinen Körper einfuhr. Danach reichte er mir liebevoll seine kalte, feuchte Hand. Die Kräfte des Nebels waren nun in seinem Körper, der eiskalt geworden war – wie immer, wenn er mit »Santa Neblina« arbeitet ...«

Als die Schamanen aus dem Urwald zurückkehrten, wartete man gespannt auf die Auswirkungen. Fernsehen und Presse waren informiert. Die Sonne brannte unerbittlich vom Himmel, die Meteorologen prognostizierten keine Veränderung. Man wartete und wartete. Erst am dritten Tag geschah etwas Unheimliches: Der Vulkan Pacaya wurde aktiv. Gewaltige Rauchsäulen stiegen in den Himmel, ein dumpfes Grollen war weithin hörbar. Plötzlich begann es wirklich zu regnen – Asche in einem solchen Ausmaß, dass innerhalb kürzester Zeit die ganze Hauptstadt von einer zehn Zentimeter dicken Schicht bedeckt war. Die Medien verhöhnten die Mayapriester. Aber die frisch gedruckten Zeitungen musste man sich bereits im strömenden Regen besorgen – diesmal im echten.

Hatten wirklich die Emissionen diesen Niederschlag verursacht, wie dies bei großen Vulkanausbrüchen oft der Fall ist? Die Urwaldbrände erloschen nach und nach, und diesmal schwieg die Presse.

Der Wettermacher Don Julián ist Wettermacher in Palín, Träger einer uralten Tradition und Hüter geheimen Wissens um die Zusammenhänge in der Natur, die Beseeltheit der Elemente. Er ist über 70 Jahre alt, doch für Nachfolge ist gesorgt. Die 20-jährige Enkelin Gloria wurde zur jüngsten Mayapriesterin initiiert. Dazu wird man berufen, und man muss dieser Berufung folgen, ob man will oder nicht. Oft kündigt sich die Erwählung durch Krankheiten oder Schicksalsschläge an. Irgendwann

Feuerspektakel: Der nahe der Hauptstadt gelegene Vulkan de Pacaya ist noch aktiv.

wird einem klar, warum das alles geschehen ist. Dann sucht man sich einen Lehrmeister. Es gibt keine feste Ausbildungszeit für Mayapriester. Der Lehrmeister bestimmt, wann man bereit ist.

Die Aufgaben eines Mayapriesters sind vielfältig. Zum einen ist er Seelsorger, Heiler, Berater und Deuter des Mayakalenders, zum anderen ist er, wie alle Schamanen, Reisender zwischen den Dimensionen. Auch bei den Maya gibt es ein geschichtetes Weltbild – 13 Ebenen über der Erde und neun Ebenen in der Unterwelt. Es gibt die Möglichkeit, zwischen den Welten zu wechseln. Diese Verbindungsachsen können in Form des Weltenbaumes, der Ceiba, gedacht werden, oder sie werden als Tunnel in Form der Visionsschlange dargestellt. Als Eingänge zu diesen anderen Dimensionen gelten Höhlen, Cenotes oder Berge.

Noch immer ist die Trance eine Art Eintrittskarte für eine solche Reise. Tranceartige Zustände werden erreicht durch monotone Rhythmen mit Trommeln und Rasseln, durch gleichförmige Bewegungen des Körpers, durch Alkohol oder andere halluzinogene Getränke oder Speisen, durch Fasten und Isolation. Aber selbstverständlich werden alte Traditionen wie die Blutentnahme, also die Selbstverstümmelung von Zunge, Ohrläppchen oder Vorhaut, nicht mehr aufgegriffen: Denn auch die Schamanen von heute suchen ihren eigenen Weg. Sie sehen sich nicht in jeder Hinsicht mit den Urahnen verbunden. Sie sind sich der Veränderung ihres Glaubens bewusst und empfinden das christliche Element als Bereicherung. Den Menschenopferkult ihrer Vorfahren halten sie inzwischen für eine dunkle Verirrung.

Don Julián, der Wettermacher von Palín, durfte nicht immer so frei das uralte Wis-

Auf vielen Hügeln rund um die Dörfer findet man uralte Ritualplätze.

sen pflegen. In den Jahren der »violencia«, der Gewalt, wie die Indígenas die Bürgerkriegsjahre nennen, war alles, was nach indianischer Identität aussah, verdächtig und wurde verboten – so auch die Mayareligion. »Man hielt uns Indígenas für Tiere. Niemand wurde für einen Mord an einem Indígena zur Verantwortung gezogen«, erzählt Don Julián. Viele seiner Freunde wurden umgebracht, und auch er entrann dem Tod oft nur knapp. Damals setzte er seine Kräfte auch für den Widerstandskampf ein. In den Bergen oberhalb von Palín gab es blutige Kämpfe zwischen Militär und Guerilleros. Er rief dann oft Santa Neblina an, und in Sekundenschnelle senkte sich dichter Nebel zwischen die Bäume, sodass die Verfolgten entkommen konnten. Als die Lage unerträglich geworden war, wollte er zusammen mit drei befreundeten Ancianos (eigentlich: Älteste, gemeint sind Schamanen), den Nationalpalast mit Blitzen zerstören: »Wir hatten beschlossen, dem Massenmord an unseren Brüdern und Schwestern dadurch ein Ende zu setzen«, fährt er fort.

Für den Tag K'uk'ulkans waren vier Zeremonien geplant. Das Gewitter sollte in allen vier Himmelsrichtungen aufgebaut werden, und Don Julián fuhr schon am Tag zuvor in die Hauptstadt, um die Punkte am Nationalpalast zu markieren, wo die Blitze einschlagen sollten. (Sonst sollte kein Schaden entstehen.) Am Tag des K'uk'ulkans selbst entzündete Don Julián dann auf einem Felsvorsprung ein Zeremonialfeuer: »Ich wollte die Kraft des Südens, verbunden mit der Kraft des Pazifiks, rufen, und ich war es auch, der die geballte Kraft der sich aufbauenden Gewitterkraft meiner Zusammenarbeit mit Santa Majóm, dem Herrn der Lüfte, über den Nationalpalast führen sollte.« Tatsächlich bauten sich gewaltige Gewitterwolken im Norden, Osten und Süden auf. Aber es fehlte die Kraft im Westen: »Was war geschehen? Warum spürte ich den Westen als offenes Tor? Die Wolken wurden wie durch einen Sog in westliche Richtung gezogen.« Der zuständige Anciano hatte seine Arbeit nicht getan, hatte dem Druck nicht standhalten können und zu viel getrunken – Don Julián war immer noch enttäuscht.

Norbert Muigg wurde von Don Julián nach vielen Jahren der Ausbildung zum Mayapriester initiiert. Er beschäftigt sich nun schon 15 Jahre lang mit den Maya, konnte ihr Vertrauen gewinnen und erfährt so manche Geheimnisse, die man einem Europäer sonst nicht verraten würde. In langjähriger Arbeit errichtete Familie Muigg ein Zentrum inmitten des Hochlandes nahe dem Dörfchen Sololá. Dort können Menschen aus allen Ländern den Weg der Maya kennen lernen. Immer wieder kommt auch Don Cirilo, der Präsident des Weisenrates, in das Zentrum. Don Cirilo oder »lobo errante«, der streunende Wolf, lebt in einem kleinen Dorf im Hochland

Don Julián, der Wettermacher aus Palín, seine Enkelin Gloria und Norbert Muigg, der Mayapriester aus Tirol, bei einer Zeremonie.

von Guatemala. Von seiner kleinen Lehmhütte aus macht er Weltfriedenspolitik. Seine Nachbarn haben sich schon an die Hubschrauber gewöhnt, die in seinem Garten landen und internationale Politiker in seine bescheidene Welt bringen, wo zwischen Hühnern und Schweinen die friedlichen Schritte zu einer kontinentalen Veränderung besprochen werden.

Ein neues Zeitalter? Das Mayabewusstsein erwacht in vielen Menschen neu. Dafür steht das Symbol der Gefiederten Schlange, Quetzalcoatl. Quer durch die Jahrhunderte zieht sich die Legende dieses Magier-Königs, der einst in Teotihuacan, später in Tula über die Tolteken geherrscht haben soll. Noch später taucht die Gestalt in Chichen Itzá auf. Er lehrte sein Volk Wissenschaft, Kunst und ein Leben in Frieden und Gerechtigkeit. Dann verschwand er mit einem Boot dorthin, woher er gekommen war – Richtung Osten.

War er ein nordischer Missionar, die Reinkarnation des Heiligen Thomas, wie dies der Geschichtsschreiber Boturini vermutete? Bekannt ist, welch entscheidende Rolle die Legende von der Wiederkehr Quetzalcoatls bei der Eroberung Mexikos gespielt hat. Der Mythos von der Gefiederten Schlange zieht sich durch alle Völker und Epochen Mittelamerikas. Er steht

– ähnlich unserem König Artus – für ein Goldenes Zeitalter, für eine indigene Renaissance. Und in diesem Sinne vollzieht sich tatsächlich eine langsame, schleichende Rückkehr – die der Schlange. Bald schon wird sie ihre Flügel ausbreiten und sich mit mächtigen Schwingen erheben – spätestens am 21. Dezember 2012, wenn nach dem Glauben der Maya-Priester ein neues Zeitalter anbrechen wird.

▷ Viva Zapata

»Tierra y Libertad!« Mit diesem Kriegsruf marschierte im Jahr 1910 ein Heer von Indígenas aus dem Dschungel, um die Diktatur zu stürzen und Land und Freiheit für sich zu erobern. Mit der gleichen Forderung nach Freiheit und Land erschienen Tausende von Maya am 1. Januar 1994 in San Cristóbal de las Casas, der Provinzhauptstadt von Chiapas. Der jahrhundertealte Konflikt, den Präsident Fox in nur 15 Minuten zu lösen versprach, lebt weiter.

Chiapas, jene bergige, nebelverhangene Provinz im Süden Mexikos, ist reich an schillernden Gestalten des Widerstandes. Nicht umsonst ist ihre Hauptstadt nach jenem unbequemen Bischof Bartolomé de las Casas benannt, diesem »Don Quijote mit dem Rosenkranz«, wie ihn der Schriftsteller Miguel Angel Asturias bezeichnete, diesem mutigen Priester, der sich Mitte des 16. Jahrhunderts für die Indianer einsetzte, die unter der Last der spanischen Encomienda stöhnten. Er verweigerte jenen Gutsbesitzern, die sich indianische Sklaven hielten, die Absolution – also praktisch allen.

Schon im Jahr 1522 lehnten es die Chiapaneken ab, Tribut zu zollen. Hernán Cortés beauftragte Luis Marín mit einer Strafexpedition. Mit der Hilfe von Mayavölkern, die mit den Spaniern kooperierten, gelang es ihm, den Aufstand niederzuschlagen. Wenige Jahre später kam es erneut zur Rebellion. Hauptmann Diego de Mazariegos ging brutal gegen die widerspenstigen Tzotzil-Maya vor. Es kam zur »Schlacht am Sumidero«; eine Schlucht, in deren Tiefen der Grijalva-Fluss tost. An die 2000 Tzotziles-Krieger, aber auch Frauen und Kinder waren an den Rand des Felsabgrundes gedrängt worden. Sie entschlossen sich, in die Tiefe zu springen und zogen so den Selbstmord der spanischen Sklaverei vor. Dieser Massensuizid beendete den Widerstand. Die Kolonialzeit begann mit der Gründung der Stadt Ciudad Real, dem heutigen San Cristóbal de las Casas.

Zu Beginn des 20. Jahrhunderts gehörte der Grund und Boden noch immer einigen wenigen Familien. Ein unübersehbares Heer von indianischen Arbeitern schuftete als Holzfäller in den Tropenwäldern, als Landarbeiter auf den Plantagen oder als Bergarbeiter in den Minen. Emiliano Zapata war einer von ihnen. Und B. Traven, der geheimnisvolle deutsch-mexikanische Schriftsteller, schrieb in seinem im Jahr 1940 veröffentlichten Roman »Ein General kommt aus dem Dschungel«: »Wie unmündige Sklaven, die nur das Maul öffnen durften, wenn sie gefragt wurden, waren sie behandelt worden. Und gleich solchen Sklaven, deren Fesseln plötzlich zerrissen sind, benahmen sie sich nun. Von Bestien mit menschlichen Gesichtern waren sie gefoltert, gepeitscht, gedemütigt, aufs Maul geschlagen worden. Und gleich Bestien gingen sie nun drauflos, das Land zu verwüsten und jeden zu erschlagen, der ihrer Klasse nicht zugehörte.«

Die Revolution führte zum Sturz des Diktators Porfirio Díaz und endete im Chaos; Zapata wurde meuchlings ermordet. »Zapata ist nicht tot, nicht erschossen worden. Er wird zurückkehren und sein Werk vollenden!« Fast 100 Jahre wartete man auf die Erfüllung dieser Prophezeiung. Im Jahr 1994 schien sie Wirklichkeit zu werden: Verborgen unter einer wollenen Gesichtsmaske, um den Hals ein zerschlissenes Tuch, auf dem Kopf eine alte, zerfetzte Mütze – die Markenzeichen des

Subcomandanten Marcos. Ein Intellektueller aus der Hauptstadt, belesen, ein Poet, ein romantischer Revolutionär, wie es ihn seit Che Guevara nicht mehr gegeben hat. Ist er der neue Zapata? Zumindest beruft er sich auf ihn und vereint seine Mitkämpfer in der Zapatistischen Nationalen Befreiungsarmee EZLN. Er lässt sich nicht Comandante sondern nur Subcomandante Marcos nennen, denn in dieser indianischen Befreiungsbewegung gibt es keinen obersten Anführer. Alle Entscheidungen werden gemeinsam, im Kollektiv, von der Basis getroffen. Subcomandante Marcos ist der Sprecher der Bewegung, da er die »Fremdsprache« Spanisch beherrscht, und das so gut, dass er für den Literaturnobelpreis vorgeschlagen wurde.

Warum geschah das ausgerechnet im Jahr 1994? »Weil die Grenze unserer Fähigkeit, zu warten, erreicht war«, meint Samuel Ruiz, Bischof von Chiapas – noch eine unerschrockene Gestalt im Kampf um Gerechtigkeit. Die neuen Zapatisten stürmten den Rathausplatz mit dem Ruf: »Yá basta!« – Jetzt reicht's! Doch der 1. Januar 1994 war kein zufällig gewähltes Datum. Mit diesem Tag trat nämlich die NAFTA in Kraft, die Kanada, die USA und Mexiko zu einer Freihandelszone vereint. Ob der Euphorie über dieses Wirtschaftsabkommen übersah man viele Randprobleme. So wandelte man in der Folge die Gemeindefelder in verkäuflichen Boden um. Jeder Campesino sollte die Möglichkeit bekommen, Land zu erwerben. Doch die Gewinner würden letztlich wieder die Wohlhabenden werden, auf deren Feldern dann wieder die Maya als Tagelöhner arbeiten müssten – das uralte Spiel in der nächsten Runde. Doch diesmal wehrten sich die Indígenas: Sie wollten aussteigen, diesmal wirklich, wollten sich befreien, wenn nötig auch aus der Umarmung Mexikos, die sie ohnehin eher als Umklammerung empfanden. Offen dachten sie an einen autonomen, von Maya verwalteten Bundesstaat.

Offizielle Antwort auf die Forderungen: Geordneter Militäreinsatz. Inoffizielle Antwort: Gründung paramilitärischer Banden, die ganze Dörfer terrorisieren und massakrieren sollen. So wurden im Dezember 1997 in dem kleinen Dorf Acteal 45 Menschen niedergemetzelt. Um dem neu gewählten Präsidenten Vicente Fox die Ernsthaftigkeit der Situation zu demonstrieren, kampierte Marcos im März 2001 mit Hunderten von Indianern auf dem Zócalo von Mexiko-Stadt. Tatsächlich wurde ein neues Indígena-Statut verabschiedet; aber ein ganz anderes, als von den Zapatisten gefordert. Kein Wunder, da die Wünsche der Indígenas und die Pläne des Präsidenten in entgegengesetzte Richtungen wiesen.

Ein unabhängiges Chiapas würde den Puebla-Panamá Plan unmöglich machen. Dieser Plan sieht den wirtschaftlichen Ausbau Zentralamerikas vor, um die Migrationsgrenze vom Norden Mexikos in den Süden verlegen zu können. Der Ausbau der Straßen, Eisenbahnen und Häfen soll die Ansiedlung von Maquiladoras, also Fertigungsstätten ausländischer Firmen in Billiglohnländern, erleichtern. Das Militär soll diese neu entwickelte Region schützen. Das Problem der illegalen Einwanderung in die USA könnte gestoppt werden, Mexiko würde einen wirtschaftlichen Aufschwung erleben.

Aber wäre es auch ein Aufschwung für die Maya? Wer wird angesichts solch weit reichender politischer und wirtschaftlicher Interessen noch die romantischen Forderungen einer Minderheit berücksichtigen können?

Immerhin: Diesmal sieht die Welt zu, und die Sympathien stehen eindeutig auf Seiten der indianischen Bevölkerung. Mehr als 100 Menschenrechts- und Hilfsorganisationen haben ihre Büros und Mitarbeiter in dem kleinen Kolonialstädtchen San Cristóbal de las Casas stationiert.

Und außerdem: Es wird immer wieder einen de las Casas, immer wieder einen Zapata und auch immer wieder einen Marcos geben.

Guatemala wie im Bilderbuch: Eine Caldera umgeben von Vulkanen. Für Alexander von Humboldt war der Atitlan-See der schönste See der Welt.

Hochlandkaffee, der wichtigste Exportartikel aus Guatemala, zählt zu den besten der Welt.

▷ Der Jaguar zeigt Zähne

Ciudad de Guatemala, Zone 1, Parque Central. Dicht an dicht schieben sich die Autos, eingehüllt in Wolken aus schwarzen Abgasen, durch die schachbrettartig angelegten Avenidas und Calles des kolonialen Zentrums. Neue Geländewagen mit polierten Karosserien, getönten Scheiben und goldblinkenden Zierleisten fahren hinter japanischen Billigautos der vorletzten Generation. Menschen in maßgeschneiderten Anzügen hetzen an zerlumpten Bettlern vorbei. Straßenstände mit raubkopierten Markenartikeln, überspielten Videokassetten der neuesten Filme und schrillen Heiligenbildern mit 3-D-Effekt stehen neben dampfenden Garküchen, die Tamales und Hot-Dogs verkaufen.

Durch das Gewühl windet sich Anselmo Rodan, sechsfacher Vater, Indígena aus dem Hochland, Nachfahre eines stolzen Volkes. Er trägt den karierten Wollrock der Männer von Nahualá und ein besticktes Hemd. In seinem Tragtuch, das er mit einem Stirnriemen umgebunden hat, schleppt er Farnpflanzen.

Er ist einer von vielen »vendedores ambulantes«, die im dichten Gewühl versuchen, ihre Habseligkeiten zu verkaufen. Einen Topf trägt er in der Hand, und ab und zu hebt er die Pflanze den Autofahrern entgegen, dann trottet er wieder ziellos am Gehsteig entlang mit diesen kleinen eiligen Schritten, die den Last tragenden Maya eigen sind. Sein Blick wirkt müde. Es ist später Nachmittag, sein Tragtuch ist noch voll. Bald muss er den Abendbus ins Hochland nehmen, wird seine Pflanzenlast auf dem Busdach verstauen, sich in das überfüllte Innere quetschen, seinen Kopf gegen die vibrierende Scheibe lehnen und dösend und grübelnd auf das vorbeiziehende Land starren; immer mit dem Bild der enttäuschten Kinder vor Augen, denen er wieder nichts aus Guate mitbringen kann. Anselmo hat sich und seiner Familie nie ein Sicherheitsnetz schaffen können. Für seinesgleichen gibt es nun einmal keine Gratiseintrittskarte in das »Morgen«. Und wer hätte unter solchen Umständen auch noch die Kraft, an ein Übermorgen zu denken?

Letzte Woche sah Anselmo im Gemeindezentrum einen Film über Kanada. Die weit im kühlen Norden lebenden Holzstammflößer, die auf den klaren, breiten Flüssen von Stamm zu Stamm hüpfen und – jeden Baum durch Rotation in einem labilen Gleichgewicht haltend – eine relative Sicherheit vortäuschen, beeindruckten ihn. Und er sieht die Parallelen: Jeder Stamm erfordert volle Konzentration, und nur durch geübte Geschicklichkeit erreichen die Männer den nächsten, dann den übernächsten. Auch er muss diesen aufregenden Tanz mittanzen. Aber manchmal ist Anselmo dieses Von-Tag-zu-Tag-Hüpfens müde, manchmal verspürt er Lust, sich einfach in den breiten Strom sinken und wegtreiben zu lassen …

Obwohl die Maya seit 500 Jahren nicht zur Ruhe kommen konnten; obwohl sie unter eingeschleppten Seuchen, Ausbeutung, Unterdrückung und Terror litten, erlosch der Widerstand nie ganz. Die indianische Bevölkerung schuf die Grundlage dafür, aus dem an Bodenschätzen nicht allzu reichen Land doch noch einiges herausholen zu können, weshalb in Mittelamerika immer der Grundsatz galt: »Sin indios no hay indias« – ohne Indianer keine Kolonien.

Nur durch billige Arbeitskräfte konnte das von der spanischen Kolonialverwaltung eingeführte Encomienda-System funktionieren. Und Arbeitskräfte brauchte es für die Plantagenwirtschaft, die sich auf den Export von Kardamon, Kakao, Zucker sowie später Kaffee und Bananen konzentrierte.

Das »Vagabundengesetz« des Präsidenten Rufino Barrios (1873–1885) zwang Indígenas zu einer bestimmten Anzahl von Frondiensttagen auf den Fincas. Unter General Ubico (1931–1944) wurde das

Gesetz noch verschärft und zwang viele Hochland-Maya dazu, in der Nähe von Plantagen zu siedeln. Bestenfalls kam es zu einem Pendeln zwischen dem eigenen Dorf und der Finca des Patrons.

Diese saisonbedingte Völkerwanderung findet noch heute statt; an Stelle von Zwangsarbeit gibt es aber immerhin einen Mindestlohn, der zurzeit bei vier Euro pro Tag liegt. Allerdings kommt es immer wieder vor, dass selbst dieser Betrag nicht ausbezahlt wird.

Während meiner Lehrertätigkeit in der Hauptstadt richtete ich einmal den Appell an die Schüler, ihre Väter doch dahingehend zu beeinflussen, wenigstens die gesetzlichen Mindestlöhne zu bezahlen. Ein zartes blondes Mädchen in adretter Schuluniform entgegnete, ihr Vater habe den Lohn erhöhen wollen, woraufhin ihn die Nachbarfinqueros mit dem Tod bedroht hätten. Beschämt zog ich gleich darauf meinen europäisch moralisierenden Zeigefinger wieder ein.

Umso bewundernswerter ist es, dass die Glutnester des Widerstandes durch alle Jahrhunderte hindurch immer wieder aufgeflammt sind. Meist waren die politischen Kämpfe religiös motiviert, gab es charismatische Führer, die von einer Rückkehr zu einer präkolumbianischen Ordnung predigten; mit Wundern, Marienerscheinungen und sprechenden Kreuzen. Anfang des 18. Jahrhunderts erschien die Jungfrau Maria den Tzeltal und Tzotzil Maya und beteuerte der unterdrückten Bevölkerung, ihr im Kampf gegen die Widersacher beistehen zu wollen. Aber die Kirchen der beiden Dörfer wurden zerstört, die Rebellion wurde niedergeschlagen.

Auch im Kastenkrieg in Yucatán, der in der Mitte des 19. Jahrhunderts stattfand, spielte ein sprechendes Kreuz eine bedeutende Rolle. Noch heute wird dieses Kreuz verehrt, und es ist wohl eine Anmaßung westlicher Historiker, das Wunder als Bauchrednertrick abzutun.

Überhaupt scheint es ratsam zu sein, sich der religiösen Tiefe des Maya-Widerstandes respektvoll und nicht besserwisserisch, vermeintlich aufgeklärt zu nähern: Die Maya können die Grenze zwischen ihrer alten Religion und dem Christentum sehr wohl auch selbst ziehen.

Am besten würde vermutlich ein mittelalterlich denkender Europäer die spirituelle Dimension der Indigenas verstehen. Schon allein deshalb war der marxistisch fundierte Guerillakampf der Bürgerkriegsjahre eine relativ kurzlebige Erscheinung, nahm er doch auf die tiefe Frömmigkeit der Maya keinerlei Rücksicht.

So verwundert es auch nicht, dass im Führungsteam der Guerilla (URNG) kein einziger Maya vertreten war und dass selbst bei den Verhandlungen zum Friedensvertrag die Maya nur Zaungäste waren.

Der Traum vom Frieden Mit den zentralamerikanischen Friedensvereinbarungen von Esquipulas begann in den Neunzigerjahren des 20. Jahrhunderts ein nicht mehr abwendbarer Prozess in Richtung Ausgleich und Dialog. Unter Leitung des katholischen Bischofs R. Quezada Toruño kam es zu regelmäßigen Treffen von Mitgliedern der Guerilla und der Regierung. Es wurde ein Menschenrechtsabkommen und Vereinbarungen zur Rückführung guatemaltekischer Flüchtlinge aus Mexiko ausgehandelt. Am 29. Dezember 1996 wurde schließlich der »sichere und dauerhafte Friede« unterzeichnet. Es wurde die Rolle des Militärs und die Wiedereingliederung der Guerilleros in die Zivilgesellschaft geregelt. Guatemala wurde als multiethnisch,

Der Jaguar tanzt symbolisch für den Widerstand der Maya.

multikulturell und multilingual ausgewiesen. Im Indígena-Abkommen revidierte man die Degradierung der Maya zu Bürgern zweiter Klasse, wenn sie nicht Sprache und Kultur der Ladinos übernahmen.

Dieser Friedensvertrag entstand nicht zuletzt durch den internationalen Druck des Auslandes, das seit einigen Jahren verstärktes Augenmerk auf das kleine Land richtet. Der Aufbruch der Maya ist aber nur Teil eines indigenen Aufbruchs, der in ganz Amerika zu beobachten ist. Im Jahr 1991 wurde in Quetzaltenango ein kontinentales Treffen unter dem Motto »500 Jahre Widerstand« organisiert. Das Motto des Kolumbusjahres 1992, »Begegnungen zweier Welten«, stieß auf Ablehnung.

Im Jahr 1992 erhielt die K'iché-Indianerin Rigoberta Menchú Tum den Friedensnobelpreis. Mit ihr, die auf eindrucksvolle Weise das grausame Schicksal ihrer Familie während der Bürgerkriegsjahre erzählte, wurde auch das Volk der Maya insgesamt geehrt. Aber die Begeisterung der guatemaltekischen Regierung und der Schicht der Ladinos hielt sich in Grenzen. Staatspräsident Jorge Serrano Elias bewertete den Nobelpreis als Provokation. Die Geschichte Rigobertas, der kleinen Frau mit den leuchtenden Augen, sollte als Lügenmärchen entlarvt werden; man versuchte, sie lächerlich zu machen.

Auch wenn kritische Stimmen nicht verstummen, die der Indianerin unter anderem vorwerfen, dass sie sich im Exil in Mexiko und auf dem diplomatischen Parkett inzwischen wohler fühle als in ihrer Heimat, so kommt doch niemand an der Tatsache vorbei, dass Rigoberta Menchú zu einer internationalen Symbolfigur für das indigene Bestreben nach Selbstständigkeit und Gerechtigkeit geworden ist und wesentlich zum Entstehen der gegenwärtigen Mayabewegung beigetragen hat.

Diese entstand im Jahr 1993 als Zusammenschluss von 30 Organisationen in der »Permanenten Versammlung des Mayavolkes«. Weitere Dachverbände wie die Coordinación de Organizaciones del Pueblo Maya de Guatemala mit über 100 Unterorganisationen versuchen, die vielen kleinen Gruppierungen zu erfassen, zu koordinieren und eine gemeinsame Linie zu finden. Da die wesentlichste aller Fragen – die nach einer gerechteren Verteilung des Landes – bisher aus dem Friedensabkommen ausgeschlossen blieb – einzig die katholische Kirche lässt von dieser Radikalforderung nicht ab –, verlagerte man die Diskussion auf die ethnische Ebene. Die Maya-Sprachen wurden verfassungsmäßig anerkannt. Damit verbunden ist die Schaffung neuer Lehrpläne, die eine Zweisprachigkeit des Unterrichts garantieren. Auch andere Elemente der Mayakultur sollen nun offiziell in den Schulunterricht eingebaut werden. Die Pflege und der Schutz von Traditionen und Bräuchen bis hin zur Verankerung alter Gewohnheitsrechte in der Justiz möchte man gewährleisten. Und selbst wenn all diese Bestrebungen zum Teil bislang nur Sätze auf geduldigem Papier sind, geht damit doch auch eine Stärkung des Selbstbewusstseins einher.

Während der Reisende sich in früheren Jahren an einer bescheidenen, demütigen Freundlichkeit der Mayabevölkerung freuen konnte, für den es eine Ehre schien, von einem Ausländer angesprochen, vielleicht sogar fotografiert zu werden, so begegnet er heute eher dem stolzen, etwas abweisend wirkenden Blick, manchmal auch unverhohlener Aggression. Was die indigene Bevölkerung Mexikos schon seit Jahrzehnten ausstrahlt, Stolz und Würde, das vermitteln nun auch die guatemaltekischen Maya.

Ebenso selbstbewusst treten Mayapriester wieder in Erscheinung und halten ihre Zeremonien nahe der alten Ausgrabungsstätten ab. Ja, sie fordern sogar die Rückgabe der alten Zeremonialplätze, die bisher den Archäologen und Touristen vorbehalten waren. (Man stelle sich einmal vor, ein katholischer Priester dürfte seine Messe nur dann lesen, wenn er versprechen würde, die kunstinteressierten Touristen nicht zu stören!)

Während in Nordamerika die Anliegen der First Nations berücksichtigt werden (zum Beispiel dürfen die Totempfähle der

Haidas nicht restauriert werden, damit sie in den Kreislauf der Natur zurücksinken können), so kosten diese Forderungen die Regierung Guatemalas nicht einmal ein müdes Lächeln.

Venceremos? Aus dem begeisterten Kampfruf »Wir werden siegen!« mit Ausrufezeichen wurde einer mit einem zögernden Fragezeichen.

Nach anfänglicher Euphorie meldeten sich erste Zweifel an der Ernsthaftigkeit der Bemühungen, die Bestimmungen des Friedensvertrages umsetzen zu wollen. Bis zum Jahre 2006 haben die Verantwortlichen noch Zeit, doch in vielen Bereichen ist eher eine Verschlechterung denn eine Verbesserung der Situation in Sicht: Nachdem es niemand wagt, an das Hauptproblem des Landes – den Agrarkonflikt – heranzugehen, aus Angst vor einer Wiederholung der Bürgerkriegszustände, verbessert sich die wirtschaftliche Situation für die Mayabevölkerung nicht wesentlich. Berichte von Hungersnöten geistern immer wieder durch die Weltpresse. Eine vereinbarte Steuerreform, eine Reform des Justizapparates, eine Reform des Wahl- und Parteigesetzes sowie eine Verfassungsreform blieben bisher aus.

Guatemala und die Menschenrechte Die Situation der Menschenrechte hat sich in den letzten Jahren unter der Präsidentschaft von Alfonso Portillo wieder verschlechtert. Opfer sind neben den Menschenrechtlern selbst hauptsächlich Gerichtsmitarbeiter, Zeugen, Politiker und Journalisten. So wurde in der Hafenstadt Puerto Barrios der Radiojournalist Maynor Alegría erschossen, nachdem er einige Korruptionsfälle aufgezeigt hatte. Auch die Bemühungen der »Wahrheitskommission«, die Bürgerkriegsjahre aufzuarbeiten, blieben im Sumpf von Machtverfil-

Das Erbe des alten Encomienda-Systems lastet schwer. Immer lauter wird der Ruf nach einer Landreform.

zung und Korruption stecken. Zwar wurden die Mörder von Bischof Gerardi zu spektakulären 30 Jahren Haft verurteilt, aber die eigentlichen Drahtzieher blieben ungeschoren. Noch immer herrscht in diesem Zusammenhang weitgehend Straflosigkeit: Die von der Regierung ausgearbeitete Regelung zur Verfolgung krimineller Handlungen während des Bürgerkrieges ähnelt einer Generalamnestie. Wichtige Maßnahmen eines Wiedergutmachungs- und Entschädigungsprogrammes, wie zum Beispiel die Aufnahme der systematischen Suche nach Vermissten und eine aktive Exhumierungspolitik, wurden bislang noch nicht umgesetzt.

Zwar reduzierte man die Streitkräfte um ein Drittel, entließ Militärbeauftragte und löste paramilitärische Zivilpatrouillen auf; dem gegenüber steht aber eine neue Aufwertung des Militärs durch einen politischen Ausnahmezustand und weiterhin geduldete Aktivitäten von Zivilpatrouillen. Diese neue Kehrtwendung wird gerechtfertigt durch eine sprunghafte Zunahme krimineller Gewalttaten, die das öffentliche Leben lahm zu legen drohen und ein Klima der Angst erzeugen.

Die öffentliche Sicherheit ist denn auch das vordringlichste Thema bei der Bevölkerung und drängt derzeit die langfristigen Bemühungen des Friedensabkommens etwas in den Hintergrund. Wenn man aber den Deckel eines Druckkochtopfes lockert ohne die Herdplatte zurückzudrehen, dann kann das nicht gut ausgehen. Und solange nicht für soziale und wirtschaftliche Gerechtigkeit gesorgt wird, solange wird es in Guatemala auch keinen dauerhaften Frieden geben.

Der »Drei-Steine-Ort«: Die Feuerstelle mit den drei Herdsteinen ist noch immer Zentrum jeder Hütte. In Tikal symbolisieren die drei Hauptpyramiden diesen Ort, an dem die Götter das Universum formten.

Oft sind sie fast selbst noch Kinder, die zu Müttern werden. Aber der Familienzusammenhalt wird bei den Maya groß geschrieben.

Männerarbeit: In Todos Santos nähen die Männer ihre Kleidung selbst, besticken liebevoll ihre bunten Krägen und häkeln kunstvolle Taschen.

Die Frauen weben am Hüftwebstuhl die Stoffe für den Eigenbedarf und für den Verkauf auf dem Markt.

Markttag: Aus den umliegenden Dörfern kommen die Maya, um zu verkaufen, einzukaufen und vor allem um zu plaudern.

Das Wirtschaftssystem der Maya gehorcht eigenen Gesetzen. Auch deshalb sind ihre Produkte für uns Europäer oft so billig.

»Handgestrickte« Karussells: Bei den Reiterspielen gibt es auch ein Rahmenprogramm – zur Freude der Kinder und Erwachsenen.

Tänze wider das Vergessen: In den Bailes de la Conquista kleiden sich die Maya in barocken Kostümen spanischen Stils und spielen tänzerisch immer wieder die Niederlage ihrer Ahnen nach.

Männersachen: Tischfußball und Marimba. Die Marimba mit ihrem wehmütig scheppernden Klang ist das guatemaltekische Nationalinstrument. Sie wurde von den Sklaven über die karibischen Inseln nach Guatemala gebracht. Es gibt keine Marimabaspielerinnen.

Rückblickend: Die alte Mayafrau hat ein hartes und entbehrungsreiches Leben hinter sich.

Bei den Fiestas fließt Hochprozentiges in Strömen: Wie bei allen »First Nation People« ist Alkoholismus auch bei den Maya ein Problem.

Tag der Toten: Die Schamanin opfert vor einem Mayakreuz ein Huhn, um mit dem Todesgott Qeme Kontakt aufzunehmen.

Behütet: Auch die Frauen tragen in Todos Santos die festen, schweren Strohhüte mit den bunten Bändern.

Allerheiligen: Auf den Gräbern wird das mitgebrachte Essen verzehrt – Gemeinschaftsmahl mit den Toten.

Die wilde Jagd: Bei den Reiterspielen von Todos Santos geht es nicht um Schnelligkeit. Wer bis zum Schluss durchhält, ist Sieger. Alkohol und monotone Rhythmen versetzen die Reiter in einen Trancezustand.

Auf einer Straße hinter dem Dorf findet das spektakuläre Rennen statt: 500 Meter hin und zurück bis zur völligen Erschöpfung

Tiefe Frömmigkeit: Im Templo de Calvario in Cobán betet man zu den katholischen Heiligen. Die katholische Kirche ist moralische Instanz und steht auf Seiten der Maya. Die Bevölkerung honoriert das – die Abwanderung zu den Evangélicos lässt nach.

Aufbruch: Der Weg der Maya verläuft zwischen Tradition und Fortschritt. An vielen Schulen wird neben dem Spanischen inzwischen auch die regionale Mayasprache gelehrt – es gibt 21 verschiedene.

Naturwunder in Türkis: Ein Ausflug, der sich lohnt. Die Sinterterrassen von Semuc-Champey am Rio Cahabón gehören zum Schönsten, was das Mayaland zu bieten hat.

Kaskadenartig ergießt sich das glasklare Wasser von Becken zu Becken. Ein ungetrübtes Schwimmvergnügen inmitten intakter Natur.

Täglich treffen sich die Frauen beim Wäschewaschen an den Ufersteinen des Atitlán Sees. Das Wasser ist kühl und klar.

Die Cayucos der Fischer sind Einbäume, die mit Planken erhöht werden. Vierzehn kleine Dörfer liegen am Ufer des Sees – malerisch aufgefädelt und ein beliebtes Touristenziel.

Santiago de Atitlán: Jedes Dorf hat seine eigene Tracht. Ursprünglich von den Spaniern zwangsverordnet, um die Bevölkerungsgruppen besser unterscheiden zu können, wurde die Dorftracht dann zu einem wichtigen Teil der Identität.

Während die Blusen, die für den Verkauf an Touristen bestimmt sind, immer einfacher gestaltet werden, widmet man sich dem eigenen Huipil mit aller Sorgfalt und Liebe. Die Muster sind nicht nur schön, sie haben auch eine religiöse Bedeutung. So sollen sie zum Beispiel zum Schutz vor bösen Kräften dienen.

LANQUIN
VICEVERSA
ALGO ESPECIAL

La Ruta Maya

Endlich ist es möglich, das gesamte Siedlungsgebiet der alten Maya-Kultur in einer gewaltigen Rundreise zu erleben. Wir beginnen in Guatemala, queren über die Grenze nach Mexiko, und über Belize kehren wir dann nach Guatemala zurück, wo sich der Kreis schließt. Doch zuvor noch einige Bemerkungen zur allgemeinen Reisevorbereitung.

Gesundheit Im gesamten Dreiländereck Mexiko, Guatemala, Belize besteht ein erhöhtes Risiko für Magen- und Darminfektionen. Der tropengewöhnte Reisende weiß, dass er auf Leitungswasser und Eiswürfel, auf Salate und Früchte ohne Schale verzichten sollte. Es wird außerdem dringend vor dem Verzehr von Lebensmitteln (und wenn sie noch so verführerisch duften) aus billigen Straßenrestaurants und von Marktständen gewarnt. Malaria ist besonders in den heißen Tiefebenen verbreitet. Man sollte sich durch entsprechende Kleidung und durch Sprays schützen. Ein Stand-By–Malaria-Medikament genügt in der Regel. Anzuraten ist auch eine Auffrischung der Tetanus-Impfung. Genaue und aktuelle Informationen entnehmen Sie bitte den folgenden web-Seiten:

www.reisemed.de, www.reisemed.at sowie www.cdc.gov/ und www.who.int/

Reisezeit Trockenzeit herrscht von November bis April. Doch auch in der Regenzeit beschränken sich die Niederschläge meist auf einige kurze, aber heftige Güsse. Wer nur im Sommer reisen kann, erwischt mit ein bisschen Glück die so genannte Canícula, zwei regenfreie Wochen inmitten der Regenzeit, von denen sich nur sagen lässt, dass sie zwischen Mitte Juli und Mitte August auftreten. Diese Canícula und die ersten Monate der Trockenzeit sind die besten Zeiten zum Bereisen des Landes – die Vegetation grünt und blüht, die Nächte sind kühl, der Himmel ist blau und klar – das Licht zum Fotografieren ideal.

Verkehrsmittel Der Individualreisende kann sich ein Auto mieten oder die öffentlichen Verkehrsmittel benutzen. Seit einigen Jahren sind die Hauptstraßen in bestem Zustand. Dies trifft vor allem auf Guatemala und Belize zu. Mit einem Mittelklassewagen erreicht man sämtliche wichtigen Reiseziele. Selbst die berüchtigte Route nach Tikal ist ein Fahrgenuss, den man sich nicht entgehen lassen sollte – kaum Verkehr, beste Straßenverhältnisse. Auch die Verbindungsstraße Flores – Belize ist

in bestem Zustand. Probleme kann es allerdings geben, wenn man die Hauptrouten verlässt – dann wird die Fahrt besonders in der Regenzeit womöglich zu einer Schlammschlacht.

Da die Zugstrecke zwischen der Hauptstadt und Puerto Barrios nicht mehr in Betrieb ist, bleibt als öffentliches Verkehrsmittel nur der Bus übrig. Generell kann man jedes Dorf, wenn nicht mit dem Bus, so doch mit geländegängigen Kleinlastwagen, den so genannten Pick Ups, erreichen.

Mit den großen Pullman-Bussen (Galgos oder Litegua) fährt man etwas teurer, aber bequem. In abgelegene Gebiete kommt man oft nur mit den billigen Camionetas. Für diese Fahrten empfiehlt es sich, Berührungsängste mit der einheimischen Bevölkerung abzubauen – dafür kann man dann zu Hause etwas erzählen.

Verhalten im Alltag Die Mayabevölkerung ist meist ruhig, freundlich und unaufdringlich. Ausnahmen gibt es nur in den wichtigsten Touristenzielen, wie in manchen Dörfern rund um den Atitlán See.

Trotzdem sollte man die Gutmütigkeit der Menschen nicht überbeanspruchen. Es empfiehlt sich, beim Fotografieren von vorher um Erlaubnis zu fragen. Gerade beim Fotografieren von Kindern ist Vorsicht angebracht.

Auch beim Handeln auf den Märkten sollte man es nicht übertreiben. Die Mayas sind oft auf den Verkauf ihrer Produkte angewiesen – es gibt zwar viele Touristen, aber noch mehr Händler. Die Qualität des Kunsthandwerks ist in den Zentren Panajachel, Antigua und am Zentralmarkt der Hauptstadt nicht die beste – meistens bekommt man nur mehr billigen Massenramsch.

Wer jedoch die finanziellen Möglichkeiten hat und nur einige wenige, dafür aber durchaus exklusive Andenken sucht, der findet sie auf den Märkten in den kleineren

NO SMOKE
NO FUMAR
"THANKS"
"GRACIAS"
BLUE

FEGUA

INF. TURISTICA
INGUAT

Dörfern – oft an versteckten Ständen abseits des großen Rummels.

Weder in Restaurants noch in den Beherbergungsbetrieben kommt man mit europäischer Hektik weiter – dafür aber mit geduldiger Gelassenheit.

Reisen Sie *nie* nach Einbruch der Dunkelheit. Meiden Sie einsame Parkplätze und Aussichtspunkte (miradores), aber seien Sie auch vorsichtig im Gedränge der Märkte und Fiestas.

Essen und Trinken Die Küche Zentralamerikas ist wenig abwechslungsreich. Da man als Reisender auf manch frisches Obst und Gemüse verzichten sollte, bleibt nicht allzu viel Auswahl. Grundnahrungsmittel sind noch immer tortillas (Maisfladen) und frijoles (schwarze Bohnen). Beides schmeckt hervorragend. Andere »comidas típicas« sind tamales (ein Fleischstück umwickelt mit Maisteig und einem Bananenblatt), chuchitos (kleine tamales) und die aus Mexiko importierten tacos.

Beim Fleisch beschränkt man sich meist auf pollo (Huhn) oder Rindfleisch – gebraten oder geschmort (carne asada oder carne guisada). Dazu wird oft köstliches guacamole (Avocadopaste) serviert.

In den Küstentiefländern ticken die Uhren langsam: Beschwingtes Karibikflair in Livingstone, brütende Hitze am Pazifik.

Typische Getränke sind atoles aus Mais oder Kochbananen (plátanos) oder pinol (Maisgetränk). Meist wird der müde Reisende lieber eines der ausgezeichneten Biere der Sorten Gallo, Cabro oder Monte Carlo verlangen – oder ein kaltes Coca Cola, das man besser mit »Una Coca, por favor!« bestellt. Das Wort Cola könnte zu einem peinlichen Missverständnis führen.

Übernachtung Unterschieden wird zwischen den einfachen Hospedajes und den teureren Hotels. Besonders der Traveller, der ja meist auf der Suche nach dem Abenteuer und dem Ursprünglichen ist, wird die billigen Herbergen bevorzugen. Gut, wenn man einen leichten Hüttenschlafsack mit dabei hat – man spart sich langes Rätselraten über die Qualität der Bettwäsche.

Die meisten Hotels haben inzwischen ein unverschämtes Preisniveau erreicht, das oft in keinem Verhältnis zum Service steht. Generell gilt Zentralamerikas Ruf als billiges Reiseziel nur, solange man sich innerhalb des Systems der Maya-Bevölkerung bewegt, auf ihren Märkten einkauft und ihre Herbergen besucht. Sobald man in die Welt der Ladinos und der meisten Touristen eintaucht, bezahlt man oft mehr als in Europa – ein Abendessen in einem guten Restaurant in der Hauptstadt oder in Antigua ist teurer als bei uns.

▷ Guatemala

Guatemala ist noch immer das Highlight der Maya-Länder. Hier findet man alte Mayastätten, lebendige Mayakultur, koloniale Kunst, Urwald, Vulkane, einsame Strände und jede Menge Abenteuer.

Derzeit findet ein Wettlauf statt zwischen Übererschließung und Neuerschließung. Bedingt durch den politischen Frieden, gelangen nun Touristenströme in Gebiete, die noch vor wenigen Jahren exklusive Geheimtipps waren. Umgekehrt kommt man jetzt in Landesteile von geradezu jungfräulicher Schönheit, die während des Bürgerkriegs Kampfgebiet und Rückzugsgebiet der Guerilleros waren.

In der Hauptstadt gibt es einige Reisebüros, die sich auf solche Abenteuerreisen in die letzten Winkel des Landes spezialisiert haben.

Immer gute Erfahrungen machte ich mit:
Expedición Panamundo S.A.,
6a Av. 14-75
Zona 9
Guatemala Ciudad
01014 Guatemala
Tel.: + (502) 331-7588
E-mail: anamundo@guate.net

Der Ansprechpartner heißt Roger Brenner, ist deutschsprachig und stets bemüht, auf die Wünsche der Reisenden einzugehen. Besonderes Highlight: Panamundo besitzt eine traumhafte Lodge am Lago Petexbatun.

Eine Reiseagentur, die sich auf Öko- und Abenteuerreisen spezialisiert hat:
ECOTOURISM & ADVENTURE SPECIALISTS
4 avenida »A« 7/95
zona 14,
Level 2
Guatemala City
01014 Guatemala
Tel.: + (502) 3370009
http://www.ecotourism-adventure.com
ecoadventure@guate.net

Ein einsamer Wolf im Tourismusgeschäft ist der Österreicher Alfred Herzig. Er lebt seit 26 Jahren in Guatemala und ist inzwischen selbst eine Legende geworden.

Alfred Herzig arbeitet freiberuflich und erstellt individuelle Routen je nach Interessensschwerpunkt auch für Einzelpersonen. Wer mit Alfred reist, wird von Hintergründen und Abgründen Guatemalas erfahren, die man in keinem Buch findet.

Wenn man mit ihm auf der Terrasse seiner kleinen Kaffeefinca sitzt und seinen selbst angebauten Hochlandkaffee genießt, dann hört man Geschichten, die einem das Tor zu diesem Land öffnen.

Alfred Herzig
5a Calle 16-00 Zona 15
Colonia Maestro II
Ciudad de Guatemala
GUATEMALA, C.A.
Tel:(502) 369-7922
Fax: (502) 365-7411

Hier nun einige Routenvorschläge, die man auf eigene Faust unternehmen kann und die doch etwas ganz Besonderes sind.

Reise in das Hochland Ausgangspunkt ist Guatemala City. Obwohl gerade die Zone 1 ein gewisses Flair aufweist, genügt ein Tag Aufenthalt, bei dem man unbedingt das Archäologische Museum besuchen sollte. Interessanter wird es schon im nahen Kolonialstädtchen Antigua – Klöster, Kirchen, herrliche Häuser mit wunderbaren Patios, stimmungsvolle Restaurants, exklusive Geschäfte und Galerien locken. Von hier aus kann man einen der umliegenden Vulkane besteigen.

Der Volcán de Pacaya ist noch aktiv. Sie sollten sich jedoch unbedingt einer Gruppe anschließen – nicht wegen der Lavaeruptionen, sondern weil zu viele Diebe auf mutige Alleinreisende warten.

Im nahen San Andrés Itzapa kann man eine der vier Maximón-Gestalten besuchen und das Treiben der Mayaschamanen beobachten.

Auf der Fahrt zum Atitlán See lohnt sich ein Abstecher nach Iximché, der ersten Hauptstadt. Hinter den Ausgrabungen befindet sich ein oft benutzter Zeremonialplatz. Höhepunkt der Hochlandtour ist das Gebiet rund um den Atitlán See. Der laut Alexander von Humboldt schönste See der Welt wird von Vulkanen umrahmt. An den Ufern liegen malerische Indianerdörfchen – Guatemala erscheint uns hier wie in einem Bilderbuch.

Ein Abstecher nach Chichicastenango ist ein Muss, schon allein wegen des Marktes.

Auch dort gibt es einen Maya-Altar am Dorfrand. Von hier geht es weiter nach Quetzaltenango. Auf der Fahrt besucht man die herrliche Kirche im Indianerbarock von San Andrés Xecul, dem Dorf der Färber und Weber. Von hier aus kann man die heißen Quellen der Fuentes Georginas oberhalb Zunils besichtigen – mit malerischen Becken zum Entspannen im heißen Schwefelwasser. Huehuetenango ist das Tor für die Bergwelt der Cuchumatanes. Das Dorf Todos Santos lohnt besonders zu Allerheiligen einen Besuch. Die Frauen von Colotenango tragen eine der schönsten Trachten des Landes.

▷ Mexiko

Chiapas Über den Grenzübergang La Mesilla erreichen wir die mexikanische Provinz, die durch die zapatistischen Indianeraufstände in die Schlagzeilen geriet. An der Straße nach San Cristóbal lassen wir uns einen Abstecher zum Seengebiet von Monte Bello nicht entgehen – nordische Kiefernwälder mit türkisgrünen Seen.

Schattenspiele: Die berühmte Pyramide des Kukulkan in Chichén Itzá wird besonders zur Sommersonnenwende von Tausenden Schaulustigen besucht. Dann vollzieht sich die Rückkehr der Gefiederten Schlange, wenn der Schatten der Treppe über die Plattformen kriecht.

In dem kolonialen Provinzstädtchen San Cristóbal de las Casas sind an die hundert internationale Organisationen untergebracht. Ein Abstecher zu den Schluchten des Sumidero mit einer Bootsfahrt auf dem Río Grijalva lohnt sich. Lebendige Maya-Kultur findet man in den Dörfern Chamula und Zinacantán sowie in den Lakandonendörfern. Einen Tag sollte man für die Sinter-Katarakte von Agua Azul und den Wasserfall von Misol-Ha rechnen.

Wer die Ruinen von Palenque besucht, sollte unbedingt vorher die interessanten Berichte des Forschungsreisenden John Lloyd Stephens lesen.

Yucatán Wir durchfahren nun das meistbesuchte Mayagebiet mit seinen spätklassischen Bauten im Rio Bec-, Chenes- und Puuc Stil. Ein Abstecher führt nach Villahermosa mit den olmekischen Skulpturen im La Venta Park. Entlang der Golfküste geht es zum Fischerstädtchen Campeche und zu den Ausgrabungen von Edzná und Kabáh mit der Maskenfassade. Nächtliche Laser-Show bei den Ruinen von Uxmal. Das malerische Franziskanerkloster Arcangel San Miguel in Mani erhielt traurige Berühmtheit durch die Verbrennung der Maya Kodizes durch Bischof Diego de Landa.

Auf der Hazienda Yaxcopoil bekommt man einen Eindruck von der Sisalindustrie des 19. Jahrhunderts. In Mérida sollte man unbedingt den kuriosen Artesanía-Markt mit den besten Hängematten Amerikas besuchen! Auch in Chichén Itzá wird bei einer Lichtershow die Geschichte der Stadt erzählt. Sehenswert sind die Grotten von Balancanchén und natürlich der Cenote von Dzitnup – eine Höhlenlagune mit natürlichen Spezialeffekten. Mit ein wenig Glück kann man beim Fischerdörfchen Río Lagartos rosarote Flamingoschwärme beobachten.

Quintana Roo Ein Urlaubsparadies mit weißen Sandstränden, herrlichen Korallengärten und entsprechend vielen Touristen. Nachdem man die Hotelmetropole

Steinrelief am Gebäude der Nonnen (Uxmal).

Tulum, Mérida, Fischerdörfchen, Sandstrände und Korallengärten – hier mischt sich der Strom des Massentourismus mit dem Bächlein der Traveller.

Von der gut erträglichen Leichtigkeit des Seins: Die besten Hängematten der Welt werden in Tixkobob geknüpft. Aus den Agaven braut man den klassischen Tequila – schmeckt mit oder ohne eingelegten Gusano (Raupe).

Cancún heil durchfahren hat, erreicht man per Fähre die Insel der Frauen (Isla de Mujeres). Auch auf Cozumel findet man einen leuchtenden Korallengarten. Noch schöner zum Schnorcheln sind aber die Tauchergärten von Xel-Ha und Yal-Ku. Entlang der Küste gibt es gemütliche Bungalow-Anlagen. Maya-Fans besuchen die Hafenstadt Tulum und Cobá. Über die Grenzstadt Chetumal erreichen wir dann als nächstes Belize.

▷ Belize

»Where the hell is Belize?« Dieser T-Shirt-Slogan zeigt: das Land ist immer noch ein Geheimtipp – englischsprachig, sicher, aber teuer. Hier findet man Urwald, Koralleninseln und Mayakultur auf engem Raum. Eine zuverlässige Kontaktperson ist der ausgewanderte Deutsche Bruno Kuppinger. Er liebt dieses Land und kennt alle Geheimtipps. Mit Geduld und Liebenswürdigkeit findet er für jeden Reisenden die passenden Angebote.

Bruno Kuppinger
International Belize Tourism Marketing
IBTM
14 1/2 Mls. Southern Highway/SUN CREEK
Toledo-District, Belize C.A.
P.O. Box 2017, Belize City, Belize C.A.
P.O. Box 602, Belmopan, Belize C.A.
P.O. Box 121, Punta Gorda, Belize C.A.
Cell: +501-16-2997
Pager: +501-17-5610
e-mail: ibtm@btl.net
e-mail: bruno@amarschderwelt.net
www.belizenet.de

Das Küstengebiet Von Orange Walk aus fährt man auf einem Urwaldfluss zu den Ausgrabungen von Lamanai. Sie sollten den Besuch eines Mennoniten-Dorfes einplanen. Von Belize City aus kann man per Boot oder Flugzeug auf die vorgelagerten Koralleninseln gelangen. San Pedro ist überlaufen, aber auf Caye Caulker ist es ruhig und das Lebensgefühl karibisch. Rochen, Haie, Seekühe. Leider wurden die Inseln durch die letzten Hurrikans stark in Mitleidenschaft gezogen. Ein Muss für Taucher ist das Blue Hole. Dangriga ist ein Städtchen mit Garifuna-Flair. Die südlichen Strände um Placencia mit den einsamen Cayes bieten ideale Erholungsmöglichkeiten. In der Mayastätte Lubantuun wurde einer der legendären Kristallschädel gefunden.

Die Maya-Mountains Idealer Ausgangspunkt ist San Ignacio. Fahrt in die nordisch wirkende Mountain Pine Ridge mit Wasserfällen, Höhlen und Sinterbecken.

LA TEMAXEÑA
FONDA #7
Menu
MONDONGO KABIC
RELLENO NEGRO
FRIJOL CON PUERCO
MOLE DE POLLO
PUCHERO DE GALLINA
POLLO ASADO
CHOCOLOMO
POC-CHUC
FILETE DE EMPANIZADO
SOPA DE LIMA
HUEVOS AL GUSTO
CHULETA EMPANIZADA
REFRESCOS
NATURALES, EMBOTELLADOS
CAFE CON LECHE, CHOCOMICK
¡BIENVENIDOS
a la TEMAXEÑA
MONDONGO
FRIJOL y PUER
BISTEC y PAPA
POOC~CHUC
RELLENO NEG
CALDO DE RES
CHULETAS ASA
MOLE DE POLL
BISTEC A LA
MEXICANA

Den Wunsch, wie ein Finquero zu leben, kann man sich gegen entsprechendes Bargeld erfüllen. Aus ehrwürdigen Haciendas wurden gediegene Luxushotels, wie hier die Hacienda Katanchel.

Aufwändig, aber beeindruckend: eine Fahrt mit dem Geländewagen nach Caracol. Die Maya-Ruinen liegen inmitten eines intakten Urwaldes. Kurz vor der Grenze liegen auf einem Hügel die Ausgrabungen von Xunantunich.

Auf einer gepflegten Asphaltstraße kehren wir zurück nach Guatemala.

▷ ZURÜCK IN GUATEMALA

Der Petén Natürlich kann man Tikal und die Laguna Yaxja selbst erkunden, aber für fast alle anderen Routen braucht man einen Führer: für das Gebiet rund um den Petex Batún-See, den Usumacinta und für die Wanderung nach El Mirador. Abenteuerreisebüros bieten immer neue Urwaldziele an, wie El Zotz, Dos Lagunas und Rio Azul. Auf jeden Fall ist der Petén die »wildeste« Provinz und unbedingt einzuplanen. Eine Fahrt auf der neuen Straße von Flores zum Lago Izabal ist ein Hochgenuss – absolut stressfrei.

Rund um den Lago Izabal Das Naturparadies des Lago Izabal, der Golfete und des Río Dulce bereist man am besten per Lancha – das ist zwar teuer, aber schön. Ein besonderes Erlebnis gibt es an der Finca El Paraíso – hier mischt sich ein heißer Wasserfall mit einem kalten und ergießt sich im kühlen Urwaldfluss. Man kann hier sogar baden.

Karibikflair begegnet einem in Livingston. Die Straße zurück zur Hauptstadt ist in bestem Zustand. Kurz nach der Abzweigung bei Morales liegen versteckt in einer Bananenplantage die Ruinen von Quiriguá mit den höchsten Stelen des Maya-Reiches.

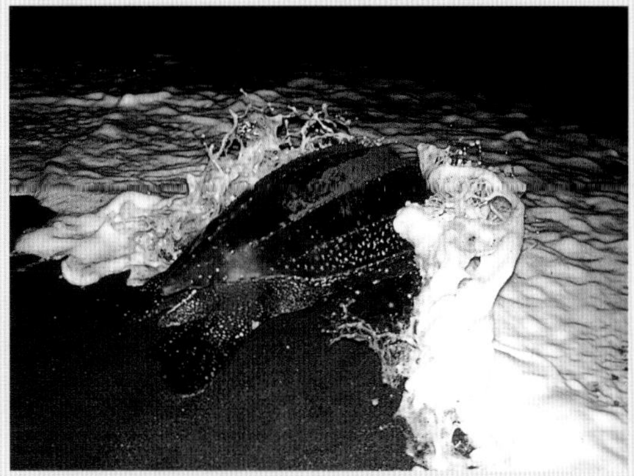

Die Lederschildkröte nach der Eiablage.

Unbedingt einplanen sollte man bei Río Hondo einen Abstecher nach Süden; denn Esquipulas, der größte Wallfahrtsort Zentralamerikas mit seinem schwarzen Christus, und die Ruinen von Copán in Honduras lohnen einen Aufenthalt.

El Oriente Fährt man Richtung Cobán sollte man sein Glück im Biotopo del Quetzal versuchen. Selbst wenn man keinen dieser grün-roten Edelsteine mit Flügeln zu Gesicht bekommt, so lohnt jedenfalls die Wanderung durch einen echten Nebelwald. Im Tal des Cahabón liegen die Fledermaushöhlen von Lanquín. Unweit davon badet man in den türkis schimmernden Sinterbecken von Semuc Champey. Nördlich im Gebiet von Alta Verapaz kann man bei Trockenzeit die Höhlen von Candelaria durchforschen. Das Gebiet um die Laguna Lachúa ist ein Geheimtipp.

Ein Abstecher zur Pazifikküste Hitze, schwarze Vulkansandstrände, Fischerdörfchen und tosende Brandung – die Tieflandregion des Pazifiks hat ihre eigenen Reize. Besonders das Gebiet zwischen Iztapa und Monterrico lohnt einen Abstecher. Entlang des Chiquimulilla-Kanals kann man mit dem Einbaum eine Mangroven-Sumpf-Wildnis erstaken. Mit Glück beobachtet man in den Nächten an diesen Strandabschnitten Meeresschildkröten bei der Eiablagen – die Bastardschildkröte (Parlama) und die bis zu 500 kg schwere Lederschildkröte (Baule) kommen hier an Land. In Monterrico gibt es eine Schildkrötenstation. Interessanter ist die Station der Österreichischen Schule in El Garitón. Einzige empfehlenswerte Unterkunft in Monterrico ist die Bungalow-Anlage Pez de Oro. Von hier aus kann man am Strand bis ans Ende der Welt spazieren.

Markttag in Chichicastenago: Eine Symphonie aus Farben und Düften. Wer einmal am Markt von »Chichi« einkaufen war, wird jedes europäische Einkaufszentrum als öde empfinden.

LA ELECCION DE UNA
LA ELECCION DE UNA
NUEVA GENERACION

Quetzaltenango (»in den Mauern des Quetzals«) erlebte seine Blüte im späten 19. Jahrhundert und war Zentrum der deutschen Kaffeebarone.

Europäisch wirken nicht nur die Häuser Quetzaltenangos. Keine andere Stadt brachte eine so große Zahl von Schriftstellern, Musikern und Malern hervor. Mit dem schwermütigen Volkslied »La Luna de Xelajú« wurde der Stadt ein musikalisches Denkmal gesetzt.

Berghütte: Eine Tempelpyramide wie die des Kukulkan in Chichén Itzá ist eigentliche eine stilisierte Mayahütte auf einem stilisierten Berg. Die neun Plattformen stellen die Ebenen der Unterwelt Xilbaba dar. Darüber erheben sich unsichtbar die dreizehn Ebenen der Oberwelt in den Kosmos. Die Plattform, auf der man den Tempel betritt, ist zugleich die Höhe einer gedachten Wasseroberfläche als Trennungslinie zwischen dem Jetzt und der Anderswelt, auf der, einer Seerose gleich, das weiße Blütenbewusstsein schwimmt – Symbol für das gegenwärtige Leben.

Mérida: Romantische Plätze und koloniales Flair. Ein idealer Ausgangspunkt zur Erkundung der großen Mayastätten Yukatáns

Am Plaza de la Independencia wird jeden Sonntag getanzt. Unabhängigkeit – die Maya Yukatáns kämpfen seit Jahrhunderten für diesen Traum. Er ist noch nicht ausgeträumt.

Impressum

Lektorat und Gestaltung
Robert Fischer

Textredaktion
Solveig Michelsen

Bildredaktion
Frank Tophoven

Alle Abbildungen
Frank Tophoven, außer: S. 28, 34, 64, 72, 79, 80/81 (3), 86/87, 135 Siegfried Weger

Kartografie
Annelie Nau

Benutzte und weiterführende Literatur

Grube Nikolai: Gottkönige im Regenwald. Köln, 2000.
Allebrand Raimund (Hrsg.): Die Erben der Maya. Bad Honnef, 1997.
Schele Linda, Freidel David: A Forest of Kings. The Untold Story of the Ancient Maya. New York, 1990.
Löwer, Hans-Joachim: Wir sind nicht gestorben. Nürnberg, 1992.
Girard Rafael: Die ewigen Mayas. Wiesbaden, o.J.
Cordan Wolfgang: Popol Vuh, Das Buch des Rates. Köln, 1987.
Stephens John Lloyd: Die Entdeckung der alten Mayastätten (Incidents of Travel in Central Amerika, Chiapas and Yucatán). Stuttgart, Wien, 1993.
Neumann Martin: Las Casas. Freiburg im Breisgau, 1990.
Burgos Elisabeth: Rigoberta Menchú. Göttingen, 1984.
Traven B.: Ein General kommt aus dem Dschungel. Frankfurt am Main, 1983.
Asturias Miguel Angel: Die Maismenschen. Bornheim-Merten, 1983.
Landa de Diego: Bericht aus Yucatán. Leipzig, 1990.
Schoenborn Paul Gerhard: Alphabete der Nachfolge. Wuppertal, 1996.
Muigg Norbert: Sprache des Herzens. Wien, 1999.
ders.: Der Mond im Jaguar. Wien, 2002.
Weger Siegfried: Der Schalenstein.Wien, 2002.
Honner Barbara: Guatemala. Reise Know-How, Bielefeld, 1999.
Carmarck Robert M.: Historia social de los Qichés. Editorial »José de Pineda Ibarra«. Guatemala, 1979.
Falla Ricardo: Masacres de la Selva. Editorial Universitaria, Guatemala, 1992.
Coe Michael D.: Breaking the Maya Code. New York, 1992.
Falla Ricardo: Quiché Rebelde. Guatemala, 1980.
Koose Barbara Balchin: Antigua for you. Guatemala, 1992.
Informationsgruppe Lateinamerika: Lateinamerika anders. Panorama, Österreichs Zeitschrift für Lateinamerika, Wien.
Müller Barbara. Fijate! Nachrichten, Informationen, Berichte zu Guatemala, Solidarität mit Guatemala e. V., Zürich.

Der Autor dankt vor allem Mag. Klaus Broger, Gründer vieler Kleinschulen im guatemaltekischen Hochland und Kenner der Mayakultur für die Insiderinformationen und die Klärung kniffliger Detailfragen. Dank gilt auch dem Mayapriester und »Brückenbauer« Nobert Muigg für seine Erzählungen aus der Welt der Schamanen, den Mitarbeitern des Lateinamerika-Institutes, insbesondere Frau Doris Rodas und Hermann Klosius und dem Fijate-Team um Barbara Müller für ihre Unterstützung.

 Für Hinweise und Anregungen sind wir jederzeit dankbar. Bitte richten Sie diese an den Bruckmann Verlag, Lektorat, Postfach 80 02 40, 81602 München.
E-Mail: lektorat@bruckmann.de

Gesamtverzeichnis gratis: Bruckmann Verlag, 81664 München

Internet: www.bruckmann.de

Gedruckt auf chlorfrei gebleichtem Papier.

Deutsche Bibliothek – CIP-Einheitsaufnahme
Ein Titeldatensatz für diese Publikation ist bei Der Deutschen Bibliothek erhältlich.

Printed in Hungary bei Realsystem
ISBN 3-7654-3826-X